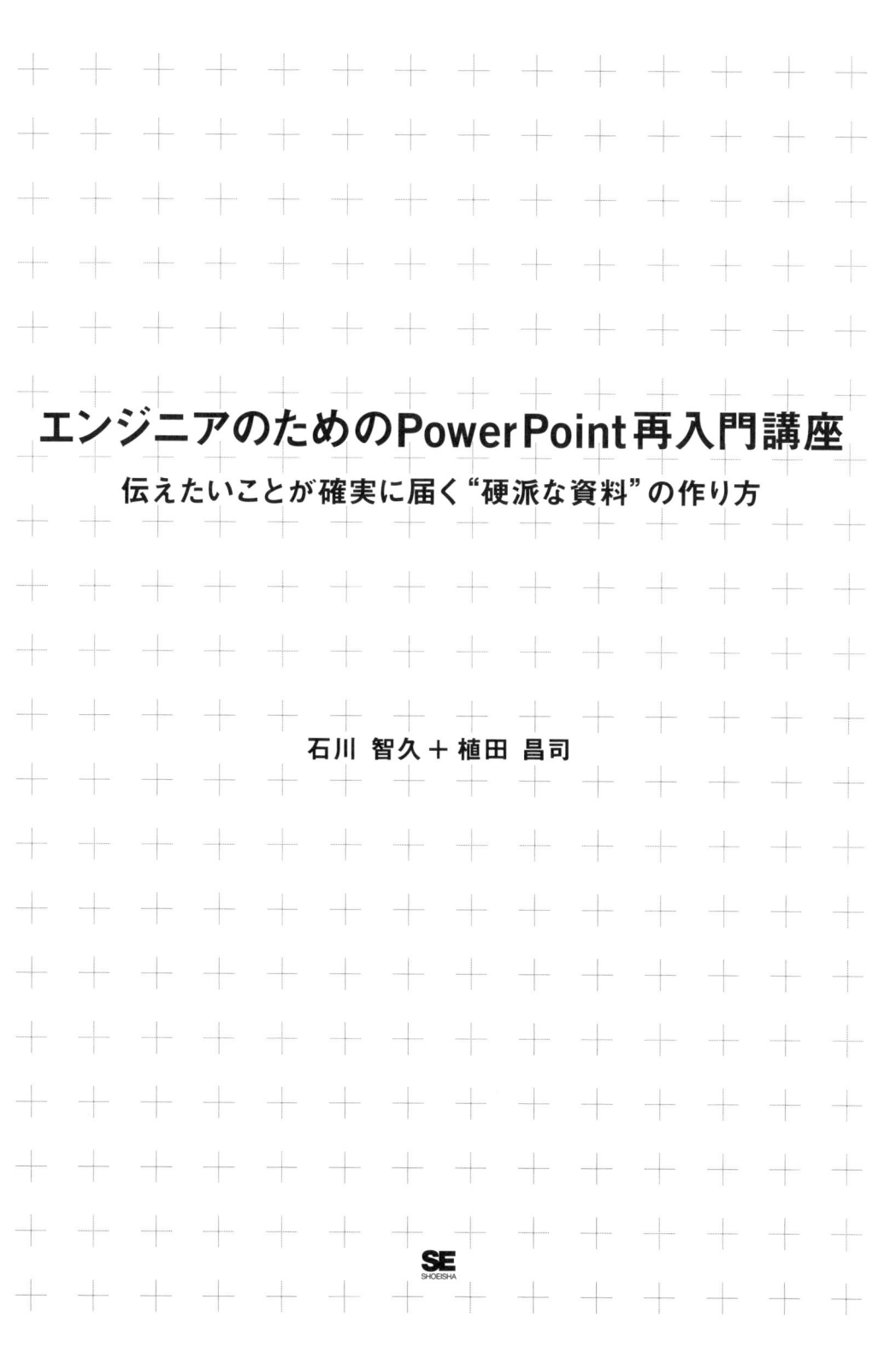

エンジニアのためのPowerPoint再入門講座

伝えたいことが確実に届く"硬派な資料"の作り方

石川 智久 ＋ 植田 昌司

本書内容に関するお問い合わせについて

このたびは翔泳社の書籍をお買い上げいただき、誠にありがとうございます。弊社では、読者の皆様からのお問い合わせに適切に対応させていただくため、以下のガイドラインへのご協力をお願い致しております。下記項目をお読みいただき、手順に従ってお問い合わせください。

●ご質問される前に

弊社 Web サイトの「正誤表」や「出版物 Q&A」をご確認ください。これまでに判明した正誤や追加情報、過去のお問い合わせへの回答（FAQ）、的確なお問い合わせ方法などが掲載されています。

　　正誤表　　　　http://www.seshop.com/book/errata/
　　出版物 Q&A　　http://www.seshop.com/book/qa/

●ご質問方法

弊社 Web サイトの書籍専用質問フォーム（http://www.seshop.com/book/qa/）をご利用ください(お電話や電子メールによるお問い合わせについては、原則としてお受けしておりません)。

※ 質問専用シートのお取り寄せについて

Web サイトにアクセスする手段をお持ちでない方は、ご氏名、ご送付先（ご住所／郵便番号／電話番号または FAX 番号／電子メールアドレス）および「質問専用シート送付希望」と明記のうえ、電子メール（qaform@shoeisha.com）、FAX、郵便（80 円切手をご同封願います）のいずれかにて"編集部読者サポート係"までお申し込みください。お申し込みの手段によって、折り返し質問シートをお送りいたします。シートに必要事項を漏れなく記入し、"編集部読者サポート係"まで FAX または郵便にてご返送ください。

●回答について

回答は、ご質問いただいた手段によってご返事申し上げます。ご質問の内容によっては、回答に数日ないしはそれ以上の期間を要する場合があります。

●ご質問に際してのご注意

本書の対象を越えるもの、記述箇所を特定されないもの、また読者固有の環境に起因するご質問等にはお答えできませんので、あらかじめご了承ください。

●郵便物送付先および FAX 番号

送付先住所　〒160-0006　東京都新宿区舟町 5
FAX 番号　　03-5362-3818
宛先　　　　（株）翔泳社 編集部読者サポート係

※ 本書に記載された URL 等は予告なく変更される場合があります。
※ 本書の出版にあたっては正確な記述につとめましたが、著者や出版社などのいずれも、本書の内容に対してなんらかの保証をするものではなく、内容やサンプルに基づくいかなる運用結果に関してもいっさいの責任を負いません。
※ 本書に掲載されているサンプルプログラムやスクリプト、および実行結果を記した画面イメージなどは、特定の設定に基づいた環境にて再現される一例です。
※ 本書に記載されている会社名、製品名はそれぞれ各社の商標および登録商標です。

はじめに

　PowerPointというツールは、エンジニアに軽視されがちです。「基本は何でもExcel、時々Word」というのがエンジニアの一般感覚でしょう。

　実際のところ、筆者もそうでした。今でこそPowerPointを手放せなくなった筆者ですが、遡ること7年前、ウルシステムズに入社して間もないころ「今回のプロジェクトで、要件定義書を何で書こうか？」という話になりました。そこで「パワポ（PowerPoint）でいいんじゃない」という意見が大多数を占めたときには驚いたものです。正直なところ「パワポなんて営業が使うツールだろ。我々はエンジニアなんだからパワポなんて使うのやめようよ」と思いました。

　昔の筆者もそうでしたが、エンジニアが抱いているPowerPointのイメージは……

「"コンサル様"が、報告書やシステム企画書を書くツール。技術的な問題を度外視した無茶苦茶な開発スケジュールの紙だけ残して去っていくけど、尻拭いはいつも我々エンジニア。ほんとパワポ（で作った紙）には痛い目に合わされてるよ」

あるいは、

「提案書の作成を手伝ったときにパワポを使ったけど、好きで使ったわけじゃないし。パワポの使い勝手？　ハッキリ言って使いにくいね。1ページに大したこと書けないんだ」

こんな感じではないでしょうか？　いずれにしてもあまりよいイメージではなさそうです。

　エンジニアにとってPowerPointは「嫌いなもの（＝無茶苦茶な企画書）の象徴」であり、「エンジニアの"本業"では使わない（＝提案書）もの」なのです。このようなイメージのツールを、あえて「頑張って使ってみよう」などとは考えにくいでしょう。

　しかしながら、PowerPointは「仲良くなってみるとじつはいい奴」です。

はじめに

　会議の議論をパワポに書きとめておいてホワイトボード代わりに使うこともできますし、それなりのボリュームの資料を作る際の構想検討にも役立ちます。何より、「図を描きやすい」のがパワポの魅力です。

　本書が提唱する「硬派なパワポ流」という使い方は、PowerPointを「意外といい奴」と気付くために、うってつけです。また、そう感じていただけるように書いたつもりです。

＊　＊　＊

　1章「パワポの使えるエンジニアになろう」では、PowerPointの悪いイメージを払拭すべく「硬派なパワポ流」の勘所を示します。"コンサル様"や"営業"が作るPowerPoint資料を習う必要はありません。エンジニアはエンジニア流のPowerPointの使い方（硬派なパワポ流）がある、ということを知っていただきます。

　2章「硬派なパワポ事始め」では、PowerPointの設定とスライドマスタについて解説します。提案書作成のお手伝いなどで"パワポをちょっと使ってみた"人が「パワポは使いにくい」と感じる理由の大半は「初期設定のイケてなさ」が原因です。PowerPointが「意外といい奴」と気付くためには、まず、この章に示す設定を適用し、硬派なパワポ流のスライドマスタを作ることが不可欠です。

　3章「硬派なパワポのための機能解説」では、PowerPointの機能について解説します。硬派なパワポ流では、アニメーションやクリップアートなどの「パワポと言えば、普通はこれを使うだろ」と、思われている機能をほとんど使いません。「グリッド」や「コネクタ線オートシェイプ」などの一般的なPowerPoint解説本ではほとんど紙面を割かない、言わば"地味"な機能にフォーカスを当てます。

　4章「パワポを使った会議術」以降の章では、PowerPointの実践的な使い方の例を解説します。この4章では、会議の場におけるPowerPointの活用術を学ぶことができます。昨今「ファシリテーション」「見える化」といった言葉が流行っていますが、抽象的な書籍でこれらを学ぶより、本章記載の「PowerPoint会議」という手法を使っていただいた方が、よっぽど実践的だと自負しています。

　5章「パワポで"ロジカル資料"」では、PowerPointで10ページ超の「本格

的な資料」を作成する際のケーススタディを記しています。「企画書」や「提案書」などの資料を作成する際には、本章の内容を役立てていただけると思います。

　6章「硬派なパワポ流 スライド事例集」では、4／5章よりも狭い視点の「PowerPointにおける"図"の作成事例」を解説します。本章で取り上げる「画面レイアウト」「フロー図」「スケジュール」といった資料は、PowerPointで作る代表的なものですので、今日からすぐに役立てていただけると思います。

＊　＊　＊

　本書は、既存のPowerPoint解説本よりも圧倒的に地味な書籍ではありますが、前例のない実践的な本に仕上がっていると自負しております。

　本書を末永くお手元に置いていただき、ボロボロになるまで読み込んでいただくことが、筆者にとってのなによりの喜びです。

　どうぞ最後までお付き合いください！

目次

はじめに ─────────────────────────────────── ii

第1章　パワポの使えるエンジニアになろう ────────── 1

- 1.1　エンジニアはPowerPointが嫌い！？ ──────────────── 2
  - 1.1.1　自己流でPowerPointを使うべからず ─────────── 2
  - 1.1.2　勘所1　軟派なツールという先入観を捨てるべし ─── 4
  - 1.1.3　勘所2　主観的な資料を作っている意識を持つべし ── 5
  - 1.1.4　勘所3　パワポの初期設定をそのまま使うべからず ── 7
- 1.2　硬派なPowerPoint資料とは ──────────────────── 9
  - 1.2.1　「見栄え重視」ではなく「硬派な資料」を作ろう ───── 9
  - 1.2.2　PowerPointで資料を作成する意義 ──────────── 11
    - Excelは表を描くためのツール ──────────────── 11
    - Wordは文章を書くためのツール ─────────────── 12
    - PowerPointは何にでも使える汎用ツール ──────── 14
  - 1.2.3　「不変な1ページ」がPowerPoint最大の特徴 ───── 14
- 1.3　本書の構成と使い方 ─────────────────────── 16

第2章　硬派なパワポ事始め ───────────────── 17

- 2.1　PowerPoint全体に関わる設定のカスタマイズ ─────── 18
  - 2.1.1　オートコレクトはすべてOFF ──────────────── 18
  - 2.1.2　スペルチェックの使い方 ───────────────── 20
  - 2.1.3　入力オートフォーマットはすべてOFF ─────────── 23
  - 2.1.4　編集領域の確保（2003の場合） ─────────────── 25
    - ステータスバーの非表示 ─────────────────── 26
    - ツールバーのカスタマイズ ───────────────── 26
    - ノートとスライド一覧 ──────────────────── 28
  - 2.1.5　編集領域の確保（2007の場合） ─────────────── 30
  - 2.1.6　不要な機能はすべてOFF！ ─────────────── 33
    - 文字の選択時に、単語単位で選択する ────────── 33
    - テキストのドラッグ アンド ドロップ編集を行う ───── 33
    - スペースを自動的に挿入または削除する ───────── 34
    - ［貼り付けオプション］ボタンを表示する ───────── 35
    - 高速保存（2003） ────────────────────── 36
    - 標準のファイル保存形式（2007） ──────────────── 37
- 2.2　ファイルごとに保存される設定項目 ───────────── 38

- 2.2.1 意外と見落としがちなページ設定 —— 38
  - スライドのサイズ指定はA4がお勧め —— 38
  - スライドの向きはデフォルトがベスト —— 39
  - スライド開始番号の設定は表紙の有無によって変える —— 40
- 2.2.2 グリッド／ガイド設定の鉄則 —— 40
  - 描画オブジェクトをグリッド線に合わせる —— 41
  - 描画オブジェクトをほかのオブジェクトに合わせる —— 41
  - グリッドの設定 —— 42
  - グリッド／ガイドの表示 —— 42
- 2.2.3 配色設定の意義 —— 42
- 2.2.4 2007で拡張された「標準のフォント」設定 —— 45

2.3 "硬派なスライドマスタ"を作ろう —— 48
- 2.3.1 作成するのは本文／表紙／中表紙の3点 —— 48
  - スライドマスタ作成の下準備（2003の場合）—— 49
  - スライドマスタ作成の下準備（2007の場合）—— 52
- 2.3.2 フッターの用意 —— 53
  - フッター領域の作成（2003の場合）—— 54
  - フッター領域の作成（2007の場合）—— 55
- 2.3.3 背景は「白無地」が鉄則 —— 56
- 2.3.4 本文のプレースホルダは可能な限り広く —— 56
- 2.3.5 フォントサイズは小さめに —— 57
- 2.3.6 無駄な余白を作らないインデント／行間の設定 —— 58
- 2.3.7 簡単な装飾を施す —— 60

第3章　硬派なパワポのための機能解説 —— 63

3.1 テキスト編集に関する機能 —— 64
- 3.1.1 「箇条書き」と「段落番号」—— 64
  - 箇条書き —— 64
  - 段落番号 —— 65
- 3.1.2 余白を調整 —— 67
- 3.1.3 タブ位置の調整 —— 68
  - 既定のタブ位置 —— 69
  - 新しいタブ位置 —— 70
- 3.1.4 プレースホルダとテキストボックスの違い —— 71
  - アウトラインへの表示 —— 71
  - インデントレベルに応じたフォントサイズ —— 72

3.2 オートシェイプによる図の作成 —— 73
- 3.2.1 標準の吹き出しは見栄えが悪い —— 73
  - 「自作吹き出し」の作り方 —— 75
  - ほかの形状の吹き出し自作例 —— 77
- 3.2.2 コネクタの活用 —— 77

         透明オブジェクトに接続する — 77
         飛び越し線 — 80
         コネクタの再接続 — 81
      3.2.3 「オートシェイプの変更」は意外と便利 — 82
   3.3 オートシェイプ以外のオブジェクトを使った作図 — 85
      3.3.1 「組織図」を使いこなそう！ — 85
         要員の追加 — 86
         レイアウトの調整 — 87
         要員／コネクタの複数選択機能 — 87
      3.3.2 クリップアートの使い方 — 88
      3.3.3 画像を貼り付ける — 89
         貼り付ける形式 — 89
         図の圧縮 — 90
   3.4 表作成の機能とテクニック — 91
      3.4.1 セルの書式設定 — 91
         複数セルの選択 — 91
         書式のコピー — 92
      3.4.2 行の高さ／列の幅の自動調整とグリッド — 92
      3.4.3 表計算の結果を記載する — 93
   3.5 その他の機能とテクニック — 96
      3.5.1 知っておくべきグリッドの詳細仕様 — 96
         グリッドに吸着する基準 — 96
         オートシェイプのサイズ変更 — 97
      3.5.2 複数オブジェクトの選択 — 98
      3.5.3 マスターしておくべきショートカットキー — 100
         書式の操作 — 100
         オブジェクトの操作 — 100
         画面表示の操作 — 101
         スライドショーの操作 — 102
      3.5.4 メニューバーをキーボードで操作する — 102
         スライド全般に関する機能 — 102
         オブジェクトの操作に関する機能 — 102

第4章　パワポを使った会議術 — 105

4.1 よくある会議「紙会議」 — 106
   4.1.1 紙会議の流れ — 106
   4.1.2 資料の通りに議論は進まない — 106
      配布されていない資料に議論が及ぶ「空中戦」 — 107
   4.1.3 会議の後で要点を抽出するのは大変 — 107
   4.1.4 一般的に「議事録には要点をまとめる」という風潮がある — 108
   4.1.5 紙会議の問題点の解決策 — 110

4.2 「PowerPoint会議」のすすめ ── 111
- 4.2.1 "今"の議論を常にリードする ── 111
- 4.2.2 空中戦を記録しておくべし ── 112
- 4.2.3 PowerPoint会議では二画面表示が鉄則 ── 112
  - スライドショーを止めずにスライドを編集できる ── 114
  - 裏で"先週の資料"を探す ── 115
  - 二画面間で資料を移動する ── 115
  - スライドショーを操作するときはフォーカスに注意 ── 116
  - 「デスクトップの表示」は使用厳禁 ── 116

4.3 「PowerPoint会議」の実践 ── 117
- 4.3.1 会議レベル1「レビュー会」── 117
  - 指摘は即反映 ── 117
  - ゆっくり焦らず別資料を探す ── 119
- 4.3.2 会議レベル2「仕様検討会」── 119
  - 最初はホワイトボードの複写から ── 120
- 4.3.3 会議レベル3「報告会」── 120

第5章　パワポで"ロジカル資料" ── 121

5.1 本章のアウトライン ── 122
5.2 資料の作成プロセス ── 123
- 5.2.1 構成検討フェーズ：主担当者1人で資料の方向性を定める ── 124
- 5.2.2 ドラフト作成フェーズ：メンバーで資料作成を分担してチーム内推敲 ── 125
- 5.2.3 清書作成フェーズ：細部のインスペクションを経て、いよいよ報告会本番 ── 128

5.3 仮想シナリオで考える実践ケーススタディ ── 130
- 5.3.1 仮想シナリオと前提条件 ── 130
- 5.3.2 構成検討フェーズ ── 132
- 5.3.3 ドラフト作成フェーズ〜清書作成フェーズ ── 134
  - 表紙／本書の目的・対象読者／目次 ── 135
  - 1章 エグゼクティブサマリ ── 137
  - 2章 現行システムのランニングコスト ── 139
  - 3章 販促システムの当初のねらい ── 140
  - 4章 改善案〜5章 刷新計画詳細・お願い事項 ── 142
  - 補足資料 ── 142

第6章　硬派なパワポ流 スライド事例集 ── 145

6.1 再考「なぜPowerPointが便利なのか?」── 146
6.2 画面レイアウトのスライド ── 148
- 6.2.1 画面レイアウト資料のよく見る作成手法 ── 148
  - よく見る手法1：Excel方眼紙 ── 149

　　　　よく見る手法2：Visio／PowerPointの画面イメージ＋Excel方眼紙 ——————— 150
　　　　よく見る手法3：モックアップ＋別途ドキュメント ——————————————— 151
　　6.2.2　PowerPointを用いた「画面レイアウト」資料作成 ————————————— 152
　　　　肝は「ノートマスタ」にあり ———————————————————————————— 153
　　　　「ノートビュー」と「標準ビュー」を使い分ける ———————————————— 155
6.3　フロー図のスライド ——————————————————————————————————— 157
　　6.3.1　読んでわかるフロー図を作成 ————————————————————————— 157
　　　　読みやすいフロー図のレイアウト ——————————————————————— 159
　　　　表記法を定めるべし ———————————————————————————————— 159
　　　　適度に簡略化すべし ———————————————————————————————— 160
　　6.3.2　見栄えのよいフロー図に仕上げる —————————————————————— 162
　　　　矢印の重なりに注意 ———————————————————————————————— 162
　　　　オートシェイプのサイズはグリッドを意識 —————————————————— 164
　　　　オートシェイプを工夫して表現力を向上 ——————————————————— 165
　　　　スライドショーで新旧フロー図の比較 ————————————————————— 165
6.4　スケジュールのスライド ———————————————————————————————— 167
　　6.4.1　全体スケジュール（ガントチャート）を作成する ——————————— 167
　　　　ガントチャートの「枠」は四角形の組み合わせで作成 ———————————— 168
　　　　ガントバーはホームベースで作成するのが無難 ———————————————— 169
　　　　マイルストンは二等辺三角形で作成 ———————————————————————— 171
　　6.4.2　日々のスケジュールを書き込む ——————————————————————— 172
　　　　枠は「自作表」で作成 ———————————————————————————————— 173
　　　　書き込む情報の種類によって表記法を変える —————————————————— 173

TIPSリファレンス —— 175
謝辞 —— 179
索引 —— 180

第1章
パワポの使えるエンジニアになろう

筆者は、PowerPointを「頭の中を整理しながら簡潔に文書を作成できる便利なツール」として大変重宝しています。毎日1回は必ず起動するといっても過言ではありません。しかし、残念ながらPowerPoint利用人口は意外に少ないようにも感じます。ことさら、エンジニアにはこの傾向が強いようです。本章では、エンジニアの業務におけるPowerPointの有効性と、その使い方の道標を示します。

1.1 エンジニアはPowerPointが嫌い!?

1.1.1 自己流でPowerPointを使うべからず

「来週の役員会議で今回のシステム刷新プロジェクトの概要説明を求められたから、そうだな……A君、資料をまとめてくれる？ パワポ3、4枚でいいからさ」

エンジニアにとって"PowerPointの初体験"は、突然やってきます。そして、昔からインストールだけはされていたPowerPointをはじめて起動し、自己流で試行錯誤しながら資料を仕上げたものの、自分でも満足のいく資料に仕上げられない。上司にもダメ出しをされて、PowerPointに対する苦手意識が生まれてしまう——このようなケースはどの現場でもよくあることです。筆者はコンサルタントという仕事柄もあり、「とりあえず自己流」で作られたPowerPointの資料を数多く見てきました。そのような資料は、おおむね図1.1のような仕上がりになります。

このような資料に対して筆者は大抵、次の指摘をします。

- プレゼン用の「あんちょこ」じゃなくて、「説明資料」を作って！
- 派手なテンプレートを使わないで！
- クリップアート／アニメーション／影付き／ワードアートを使わないで！
- 全体を通して、誰に何を伝えたい資料なのかがわからない！
- ページごとの「言いたいこと」がわからない！
- 余白が多くてスカスカ！
- フォントサイズが大きすぎる！
- 文書全体でフォントの種類／サイズがバラバラ！

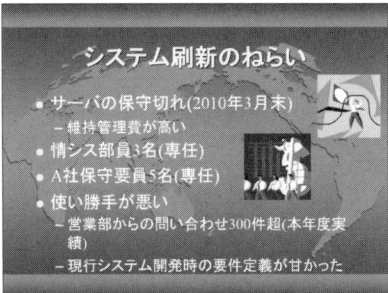
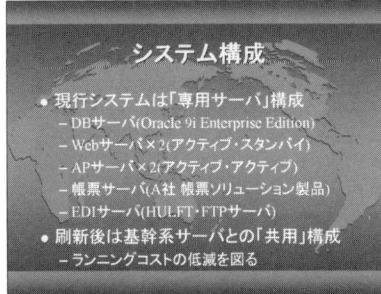

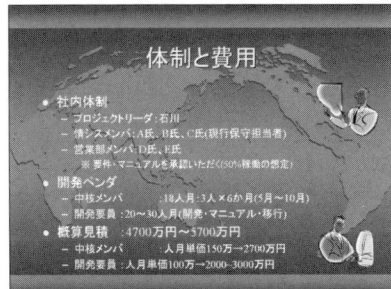

↑ 図1.1：自己流で作成したPowerPoint資料の例

　ここで挙げた指摘は、いずれも本書で解説するPowerPoint資料の勘所と使い方を理解すれば、克服できるものばかりです。つまり、まずはこのような指摘をされない資料を作成できるようになることが「PowerPointが使えるエンジニア」への第一歩になる、というわけです。

　そうなるために、まずは以下に挙げる「硬派なパワポ流 3つの勘所」の理解からスタートしましょう（**図1.2**）。

1.1 エンジニアは PowerPoint が嫌い!?

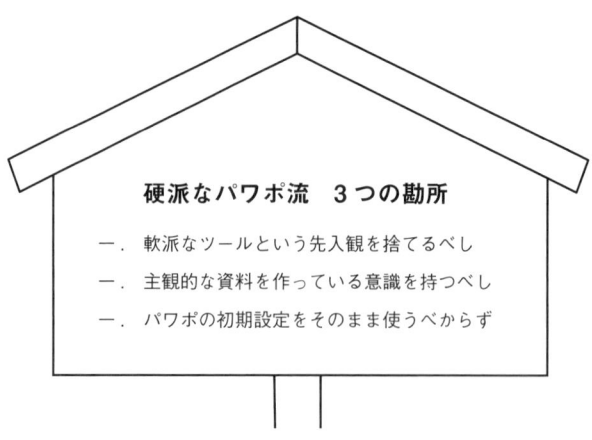

↑ 図1.2：硬派なパワポ流　3つの勘所

1.1.2 　勘所1　軟派なツールという先入観を捨てるべし

　まずひとつ目の勘所は、PowerPointに対して抱きがちな「見栄え重視な資料を作るためのツール」という先入観を捨てましょう、ということです。ここで言う「見栄え重視な資料」とは、例えば「文章ではなく、要点だけを体言止めの箇条書き」で書いたり、スライド中に「クリップアートを多用」したり、「アニメーション効果」を用いるような資料を指します。

　エンジニアが日々携わる"システム開発"は、緻密で地道な努力の積み重ねが求められる仕事です。例えば、業務上まず起こり得ないようなレアケースをも「万一起こったらシステムはどのように挙動すべきか。業務上どのようにしたら運用回避できるか」を考えてシステムの仕様を策定します。また、あらゆる不測の事態を考慮しながらシステムの移行シナリオを検討するものです。

　このように緻密で論理的な頭の使い方ができることがエンジニアの強みなのですが、エンジニアがはじめてPowerPointに触れると、前述の先入観を捨てきれないためか、必要以上に見栄えを意識した資料を作ってしまいがちです。もちろん見栄えは大事ですが、間違ってもアニメーションやクリップアートを多用した派手な資料である必要はないはずです。

　また、PowerPointに関する書籍やマニュアルが「プレゼンをいかに成功させるか」「心をつかむスライドとは」などの観点から書かれたものが大半であ

ることも、このような先入観に繋がる要因と考えられます（**図1.3**）。

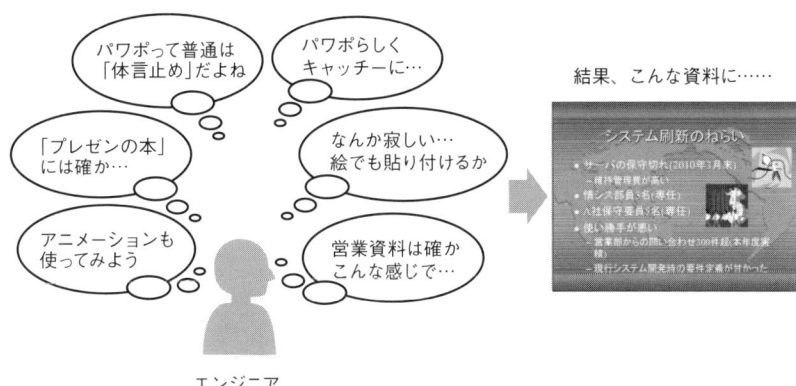

↑ 図1.3：PowerPointに抱く先入観で資料作成に臨むと……

　この先入観を持って資料作成に臨むと、次の指摘を受けることにつながってしまいます。

- プレゼン用の「あんちょこ」じゃなくて、「説明資料」を作って！
- 派手なテンプレートを使わないで！
- クリップアート／アニメーション／影付き／ワードアートを使わないで！

　実直なエンジニアが、見栄えばかりを気にした資料で勝負を挑む必要はありません。エンジニアは、エンジニア流の"硬派なPowerPoint資料"を作るべきです。

1.1.3　勘所2　主観的な資料を作っている意識を持つべし

　次の勘所は、主観的な資料を作成している意識を持とう、ということです。
　エンジニアが普段作成する機能一覧、画面仕様書、プログラム設計書、テストケース一覧などは、どちらかと言えば、「事実を網羅的に記述すること」が重要とされる資料です。
　一方、本書の冒頭で挙げた例のような「役員向けの要約資料をパワポ3、4枚

1.1 エンジニアは PowerPoint が嫌い!?

で」といった資料は、「伝えるべき相手に、要点を絞ってメッセージを伝えること」が最大の目的であり、網羅性はあまり重要ではありません。

　エンジニアが資料作成に取り掛かると、これまでの経験や習慣から、まず網羅性を意識してしまいがちです。あらゆる事象を考慮した網羅的な資料を作ろうとするものの、わずかな枚数で簡潔な資料を作らなければならない制約もあり、結果的に網羅性と簡潔さのどちらも中途半端な資料ができあがってしまいます。そして、次のような指摘を受けることになってしまうのです。

- 全体を通して、誰に何を伝えたい資料なのかがわからない！
- ページごとの「言いたいこと」がわからない！

　主観的な資料作成に必要なスキルや考え方は、網羅的な資料作成のそれとは大きく異なります。エンジニアがはじめて PowerPoint 資料に取り組む際には、普段の網羅的な観点を重視したドキュメント作成の経験則やノウハウをいったん忘れる必要があります。「全体を通じてどんなシナリオにすれば読み手に伝わるか？」「このページで一番伝えたいことは何か？」といったポイントを常に意識しながら取り組むように心掛けましょう[*1]（**図1.4**）。

[*1] 主観的な資料を作成するための考え方やコツは、「5章 パワポで"ロジカル資料"」で詳しく取り上げます。

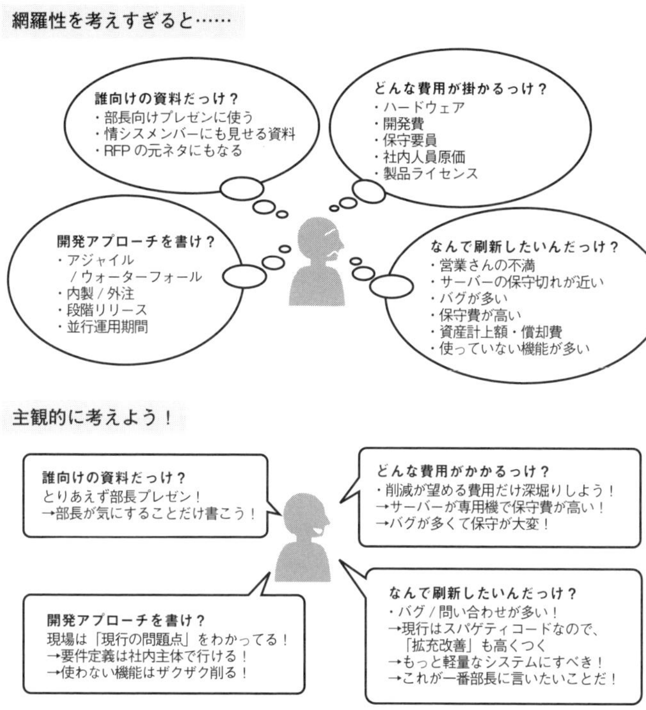

1.1 エンジニアはPowerPointが嫌い!?

網羅性を考えすぎると……

- 誰向けの資料だっけ？
  - 部長向けプレゼンに使う
  - 情シスメンバーにも見せる資料
  - RFPの元ネタにもなる
- どんな費用が掛かるっけ？
  - ハードウェア
  - 開発費
  - 保守要員
  - 社内人員原価
  - 製品ライセンス
- 開発アプローチを書け？
  - アジャイル／ウォーターフォール
  - 内製／外注
  - 段階リリース
  - 並行運用期間
- なんで刷新したいんだっけ？
  - 営業さんの不満
  - サーバーの保守切れが近い
  - バグが多い
  - 保守費が高い
  - 資産計上額・償却費
  - 使っていない機能が多い

主観的に考えよう！

- 誰向けの資料だっけ？
  - とりあえず部長プレゼン！
  - →部長が気にすることだけ書こう！
- どんな費用がかかるっけ？
  - 削減が望める費用だけ深堀りしよう！
  - →サーバーが専用機で保守費が高い！
  - →バグが多くて保守が大変！
- 開発アプローチを書け？
  - 現場は「現行の問題点」をわかってる！
  - →要件定義は社内主体で行える！
  - →使わない機能はザクザク削る！
- なんで刷新したいんだっけ？
  - バグ／問い合わせが多い！
  - →現行はスパゲティコードなので、「拡充改善」も高くつく
  - →もっと軽量なシステムにすべき！
  - →これが一番部長に言いたいことだ！

↑ 図1.4 主観的な資料を作っている意識を持つべし

1.1.4 　勘所3　パワポの初期設定をそのまま使うべからず

3つ目の勘所は、初期設定のままPowerPointを使わない、ということです。

PowerPointというツールは、初期設定のまま使っていると、いつの間にかプレゼン用の「あんちょこ資料」のように仕上がってしまいます。その結果、次のような指摘を受けることになってしまうのです。

- 余白が多くてスカスカ！
- フォントサイズが大きすぎる！
- 文書全体でフォントの種類／サイズがバラバラ！

PowerPointは、元々はプレゼンテーションのためのツールですので、初期

1.1　エンジニアはPowerPointが嫌い!?

設定ではスクリーンに写したスライドを遠くからでも見ることができるように、フォントサイズが大きかったり、余白が多く取られていたり、といった具合に余裕のあるレイアウトを基本とした作りになっています。

しかしながら、エンジニアが普段作成するPowerPoint資料は、スクリーンに映して壇上でプレゼンするような資料ではなく、会議室で顔を突き合わせて、数人に見せるようなものがほとんどです。このような資料に、「壇上でプレゼンする」設定を適用する必要はありません。具体的にどのように変更すべきかについての解説は、2章で詳しく取り上げます。

1.2 硬派なPowerPoint資料とは

　本書はタイトルにも示すとおり、エンジニアがPowerPointの使い方を学ぶための書籍です。多くのPowerPoint解説書では「見栄え重視」な資料作成テクニックが取り上げられていますが、本書で解説するのは、これまでの説明の中でも何度か出てきた「硬派なPowerPoint資料」の作成テクニックです。本節では、「硬派なPowerPoint資料」がどのようなものなのかを具体的に解説していきましょう。

1.2.1 「見栄え重視」ではなく「硬派な資料」を作ろう

　「見栄え重視」で作られたPowerPoint資料とは、スクリーンに映して壇上で喋るためのいわゆる「プレゼン資料」だと考えて相違ないでしょう。この場合、主目的は「喋って伝えること」であり、資料はプレゼン（＝喋って伝えること）の補足的な位置付けになります。資料には、説明の文章を1から10まで書くのではなく、主張したいポイントを「体言止めの箇条書き」で並べ、目を引くためのイメージや図解などと組み合わせたスタイルが一般的です（**図1.5**）。

　一方、本書が解説する「硬派なPowerPoint資料」は、資料の目的が異なります。「硬派な資料」とは、プレゼンの補足に使う資料などではなく、伝えたい内容がすべて記されていることを目指した資料を指します。

　例えば、文章は体言止めの箇条書きではなく、説明文章として書かれ、目を引くための絵などは基本的に登場しません。絵が登場するとしても、それは文章では説明するのが難しい内容を「図解」するためのものであり、決して目を引くためのものなどではありません（**図1.6**）。

　先にも述べたとおり、エンジニアがPowerPointで作成する資料は、作成者の主観を「伝えるための資料」です。エンジニアが伝えたいことは、「シャープで都会的」「スマートな流線形」といった曖昧なイメージなどではなく、「現行システムが抱える問題点」「問題解決のためのシステム改修計画」など、より具体性の高い内容であるはずです。このため、エンジニアが作成する資料は「見栄え重視」である必要性が低いのです。

　また、資料というものは、いつの間にか作成者本人の知らないところまで広まってしまうものです。このとき、資料が「要点だけ箇条書き」で作られてい

1.2 硬派なPowerPoint資料とは

ると、意図が正しく伝わらなかったり、違う解釈で伝わってしまったりしてしまいます。伝えたいことが「曖昧なイメージ」ならばいざ知らず、エンジニアが作成する資料では、このようなことが起こってはいけません。このため、「伝えたいことをすべて資料化」をすることが重要なのです。

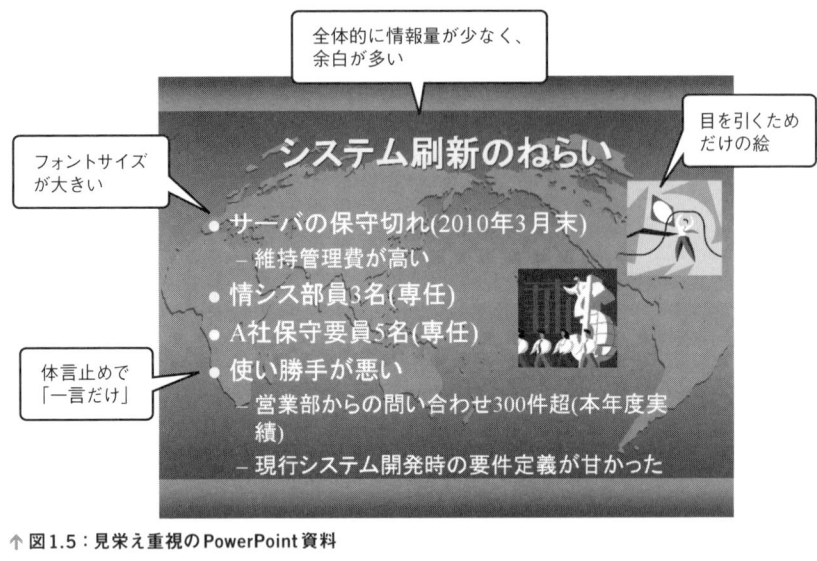

↑ 図1.5：見栄え重視のPowerPoint資料

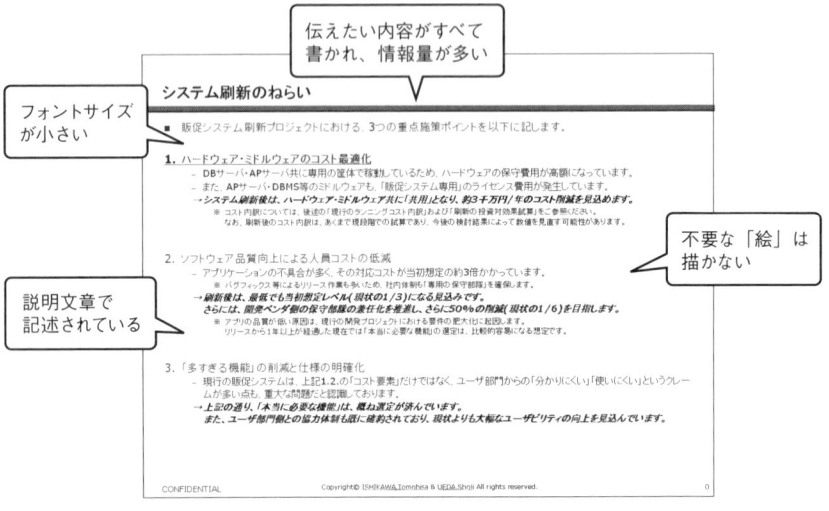

↑ 図1.6：硬派なPowerPoint資料

1.2.2　PowerPointで資料を作成する意義

ここまでの解説を読んで、「なぜPowerPointで資料を作るのか？」と感じた方もいらっしゃるでしょう。確かにエンジニアが作成する資料は、一般的にはPowerPointよりも、ExcelやWordの方が「硬派な資料」作成に適したツールとして認知されているかもしれません。

ここではExcelやWordと比較しながら、PowerPointの特徴と有効性について考えてみましょう。

Excelは表を描くためのツール

Excelは、とにかくエンジニアが好んで使うツールです。「設計ドキュメントはすべてExcel」という開発現場や、「資料はどんな類のものでもExcelで作る」という人は少なくないでしょう。

しかしながら、Excelは本来、表を描くためのツールです。この本質を忘れて「何でもExcel」を使ってしまうと、よいドキュメントを作ることなどできません。ご存じのとおりExcelの表は、X軸の列とY軸の行から構成され、ひとつのマス目をセルと呼びます（**図1.7**）。1つのセルに長い文章を書こうとすると、必然的に「行の高さ」や「列の幅」を広げることになるのですが、この「当たり前の特性」に逆らった手法が、悪名高き「Excel方眼紙」です（**図1.8**）。Excel方眼紙がなぜ悪いのか、については姉妹書『エンジニアのためのWord再入門講座』[2]に詳しく書かれていますので詳細は割愛しますが、「表を描くためのツールで文章を書く」使い方が正しいはずはありません。

エンジニアが作成する資料には、確かに表の要素が含まれたものも数多く存在します。要件一覧／機能一覧／画面一覧／テーブル一覧／CRUDマトリクスなど、表の特性を持って然るべき資料にExcelを使うのは正しい選択ですが、くれぐれも「表の要素を含まない資料」にExcelを使わないようにしましょう。

また、Excelは「図」を描くのに不向きなのも弱点のひとつです。本書はExcelの解説書ではありませんので詳しくは書きませんが、Excelの図はグリッ

---

*2　『エンジニアのためのWord再入門講座』佐藤竜一、翔泳社、2008

ドの概念がないためドラッグ＆ドロップによるサイズ調整を行いにくく、検索／置換の対象にもならないため、非常に使い勝手が悪いものです。

　Excelで作るべき資料か否か、を判断するためのひとつの目安として、「セル関数」や「条件付き書式」がまったく登場しない資料には、Excelを使わないという指標を設けてもよいかと思います。これまでExcelで作成してきた資料の中に「セル関数」や「条件付き書式」を使わないものがあったら、「この資料はExcelを使わない方がよかったのでは？」と疑ってみるとよいでしょう。

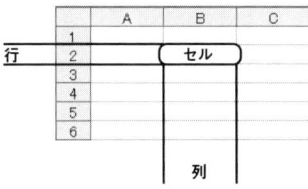

↑図1.7：Excelの行・列・セル

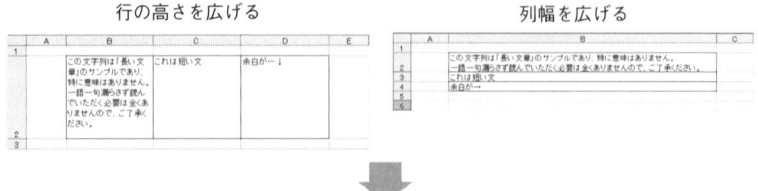

↑図1.8：悪しき「Excel方眼紙」

Wordは文章を書くためのツール

　「何でもExcelで作る」のが間違いなのと同様に、「何でもWordで作る」のもまた間違いです[※3]。

Wordは、強力な文書整形機能や校正機能を備えたワードプロセッサ・ツール（ワープロ）です。さまざまな機能が備わっているとは言え、主役はあくまで「文章」です。つまり、本質的に文章でないドキュメントをWordで作成するのは間違い、ということになります。

　また、Wordは本文中に図や表を埋め込むことができますが、「まず描画キャンバスを置き、その中に図を配置する」という手順が煩わしかったり、図表の前の文章を編集したときに、図や表が次ページに移動してしまったりすることが多く、決して使い勝手がよいものではありません（**図1.9**）。

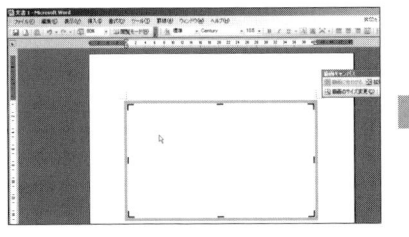
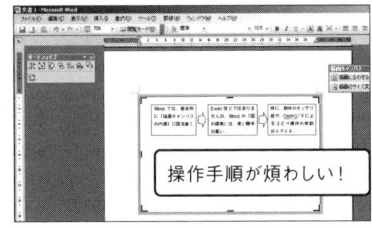
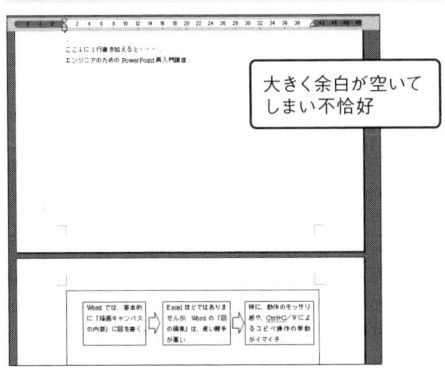

↑ **図1.9：Wordで図は描きにくい**

＊3　「何でもWordで作る」現場は、あまり見かけたことがありませんが……。

1.2 硬派なPowerPoint資料とは

PowerPointは何にでも使える汎用ツール

PowerPointは汎用的に使えるツールです。先に述べたとおり、「Excelは表」「Wordは精緻な文章」といったように、それぞれ特化した用途がありますが、PowerPointは、どのような資料でも作れるツールといえるでしょう。

この節の冒頭で「PowerPointで資料を作る意義」を疑問視しましたが、ここで答えを明かしましょう。

- PowerPointは、どんな資料でも作れる汎用的なツール
- Excel・Wordで作るのに不向きな資料には、PowerPointを使いましょう

これが正解です。少々乱暴かもしれませんが、「表」でも「精緻な文章」でもない資料は、何でもPowerPointで作ってしまえばよいのです。

PowerPointを使ったことがなく、どんなときに使ったらよいかわからない。だからつい、いつもどおりExcel（またはWord）を使ってしまう。そんな方こそ、本書を手がかりにPowerPointに触れてみるといいでしょう。

1.2.3 「不変な1ページ」がPowerPoint最大の特徴

PowerPointの文書ファイル（.pptファイル[*4]）である「プレゼンテーション」は、複数枚の「スライド」で構成されています。「スライド1ページの大きさ（サイズ）」は、ページごとに変えることができません。この「不変の1ページ」という点を意識しているか否かが、PowerPointを使いこなす上では大変重要なポイントになります。

例えばExcelの「1ページ」は、任意のセル範囲を「印刷範囲」として設定しただけに過ぎません。言ってみれば、思いついた内容を思いつくままに記述し、すべてを書き終わった後に1ページのサイズを設定することができます。また、Wordの場合は、1ページに収まらない内容を書くと自動的に次ページが作成されるため、やはり「1ページ」には大した意味がありません。

一方、PowerPointの1ページ（スライド）は、「ここまでが1ページ」と自

[*4] PowerPoint2007では、Office Open XML(OOXML)と呼ばれる形式がデフォルトのファイル形式に変わったため、拡張子が「.pptx」になります。

由に決めることもできなければ、自動的に次ページが作成されることもありません。1ページに収まらない内容を書くと、そのままスライドからはみ出してしまいます[※5]。このため、PowerPointを使った資料は、「内容を1ページに収めること」を考えながら作成することとなります。資料作成が煩わしくなるのは事実ですが、「このページで伝えたいこと」を常に意識しながら資料作成に臨めるという大きなメリットもあります（**図1.10**）。

PowerPointで資料を作成する際には、常に「このページで伝えたいこと」を意識するように心掛けましょう。

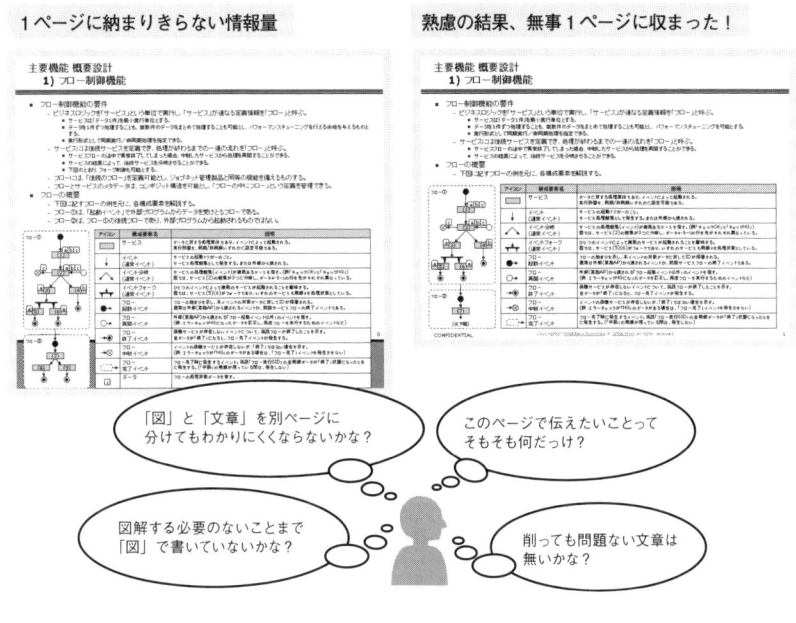

↑ 図1.10：PowerPointは「1ページ」を意識して資料を作成する

※5　設定で、はみ出さずに自動調整することもできます。これについては、2章／3章で解説します。

1.3　本書の構成と使い方

　ここまでで、エンジニア流のPowerPointの使い方についてのイントロダクションは終わりです。本章の最後に、本書の構成と読み進め方について解説しておきます。

＊　＊　＊

　本章の後に続く2〜3章が「機能解説編」に相当します。2章では、「硬派なパワポ事始め」として、PowerPointを使い始めるにあたって、はじめに済ませておくべき設定を中心に解説していきます。3章では、「硬派なパワポのための機能解説」として、PowerPointの機能を中心に解説していきます。

　4〜6章は、「実践編」に相当します。具体的には、4章で「会議におけるパワポの使い方」を、5章で「筋道立てて本格的な資料を作る手法」を、6章で「PowerPointにおける"図"の作成テクニック」を、それぞれ解説します。これらの手法を、実際の使い方に近い形のケーススタディとして解説することで「実践力」を磨いていただこうというわけです。

＊　＊　＊

　それでは、本書を最後までお楽しみください。

第2章
硬派なパワポ事始め

本章では、PowerPointを使い始めるための事前準備として「設定変更」と「スライドマスタ」について解説します。PowerPointを使い慣れていない人は、「デフォルトの設定をそのまま使う」ことが多いかと思いますが、PowerPointの初期設定や標準で用意されているスライドマスタは、お世辞にも使いやすいものではありません。本章の要領に倣って、PowerPointを使いやすいようにカスタマイズしていきましょう。

2.1 PowerPoint全体に関わる設定のカスタマイズ

　PowerPointの初期設定は、決して「使いやすい」と呼べるものではありません。むしろ、初期設定のまま使い続けてもメリットは何もない、と断言できるほど使いにくいと筆者は考えています。そこで本節では、PowerPointの設定項目をどのように変更すべきか、それはなぜなのか、について解説していきます。

　なお、本節で解説する設定は、PowerPoint全体に関する設定です[*1]。ここで紹介する設定変更は、どのPowerPointファイルを開いたときにも有効になります。

2.1.1　オートコレクトはすべてOFF

　「オートコレクト」とは、文字入力時のタイプミス／スペルミスを自動的に修正する機能です。PowerPointに限らず、WordやExcelなどほかのOfficeアプリケーションにも存在する機能ですので、ご存じの方も多いのではないでしょうか。

　「誤りを自動的に修正」と聞くと、便利な機能のように聞こえますが、実際のところ「余計なお世話」に過ぎないのでOFFにしておくのがお勧めです。例えば、オートコレクトのオプションには「文の先頭文字を大文字にする」という項目がありますが、これをONにしてしまうとJavaのフィールド名やメソッド名のように「先頭文字をあえて小文字で入力したい」場合に困ります。

　オートコレクトの設定は、［ツール］メニュー→［オートコレクトのオプション］を選択すると表示される、［オートコレクト］ダイアログで行います（**図2.1**）。2007では［Office］ボタンから［PowerPointのオプション］ダイアログを表示させ［文章校正］で［オートコレクトのオプション］ボタンを押すと同様のダイアログが表示されます。表示させたら、［オートコレクト］タブに

[*1] 2007では多くの項目で「このファイルだけに適用」という設定が行えるようになりました。ただし、「オートコレクトのオプション」などの一部の項目では「アプリ全体の設定」しか行えないものもあります。

2.1 PowerPoint全体に関わる設定のカスタマイズ

あるチェックボックスをすべてOFFにしましょう。

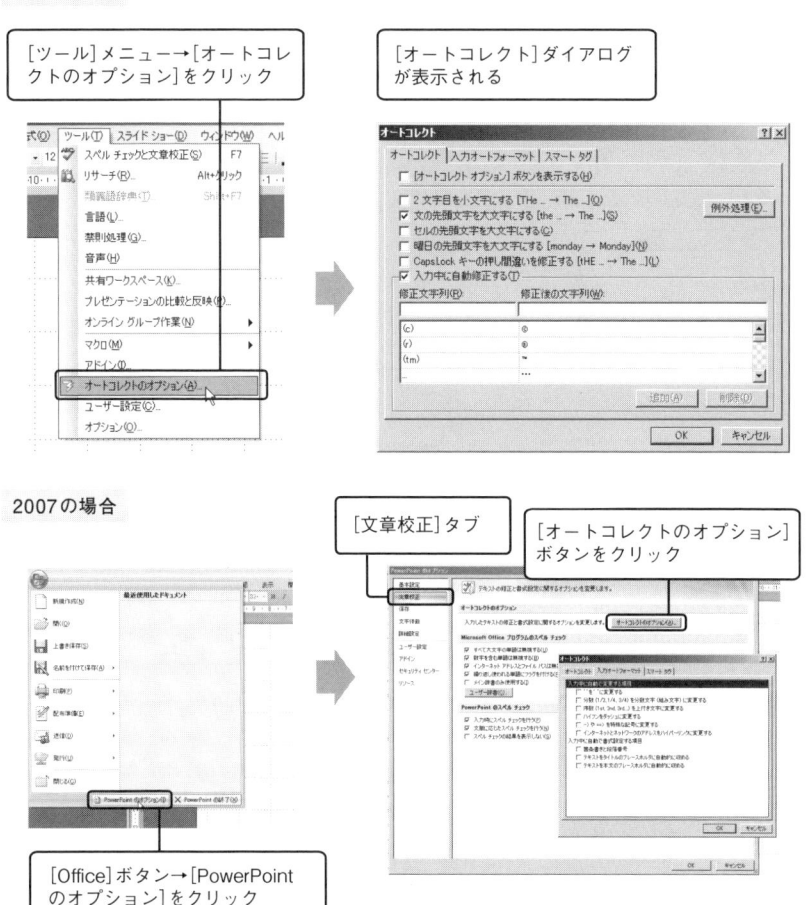

↑図2.1：[オートコレクト] ダイアログの表示方法

2.1 PowerPoint全体に関わる設定のカスタマイズ

[[オートコレクト オプション] ボタンを表示する] は親切だが……

　[オートコレクト] タブの一番上にある [[オートコレクト オプション] ボタンを表示する] にチェックをすると、自動修正が行われたときに図2.2のようなボタンが表示され、自動修正をキャンセルすることができます。この機能を使えば「余計な自動修正が行われたときだけキャンセルし、オートコレクト機能そのものはONにしておく」という使い方もできます。しかしながら、資料作成に集中している最中に自動変換が行われると集中力が途切れてしまうため、これもOFFにしています。好みの問題かもしれませんが、オートコレクト機能は「すべてOFF」にしておいた方が無難でしょう。

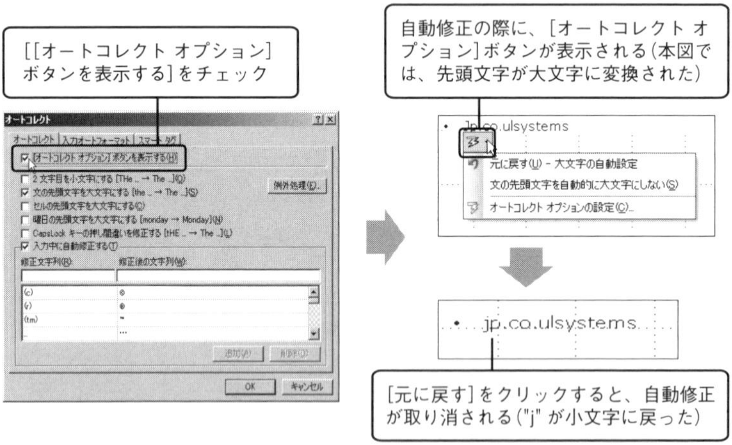

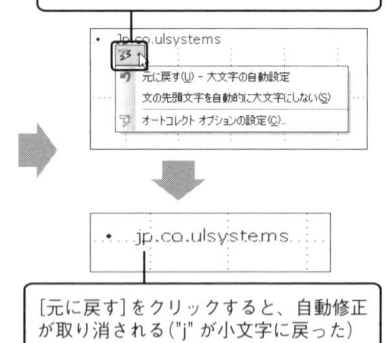

↑図2.2：[[オートコレクトオプション] ボタンを表示する] をONにすると……

2.1.2　スペルチェックの使い方

　スペルチェック機能をOFFにしておくと、「本当にタイプミスやスペルミスをしてしまった」場合にも気付くことが難しくなります。スペルチェック機能は、ONにしておいた方がよいでしょう。
　「スペルチェック」とは、スペルミスと思われる入力が行われたときに、該当箇所に赤下線を表示する機能を指します。例えば、"hoge" と入力すると赤

下線が表示され、下線上で右クリックすると**図2.3**のように、修正候補の一覧が表示されます。ここでスペルミスに気付いたら適切な単語を選べばよく、意図的に"hoge"と入力したのであれば［辞書に追加］を選べばよい、という仕組みです。

スペルチェック機能は、デフォルトではONに設定されています。デフォルトのまま使えば問題ありませんが、念のため設定方法を紹介しておきましょう。2003では［ツール］メニュー→［オプション］で［オプション］ダイアログを表示して、［スペルとスタイル］タブの［自動スペルチェック］をONにします（**図2.4**）。2007では［Office］ボタンから［PowerPointのオプション］ダイアログを表示して、［文章校正］の下部にある［入力時にスペルチェックを行う］をONにします（**図2.5**）。

なお、［結果を表す波線を表示しない］をONにすると、スペルチェック機能をONにしていても、明示的な操作（［F7］キー）をしないと赤下線が表示されません。スペルチェック機能を利用する場合は、［結果を表す波線を表示しない］をOFFにしておきましょう。

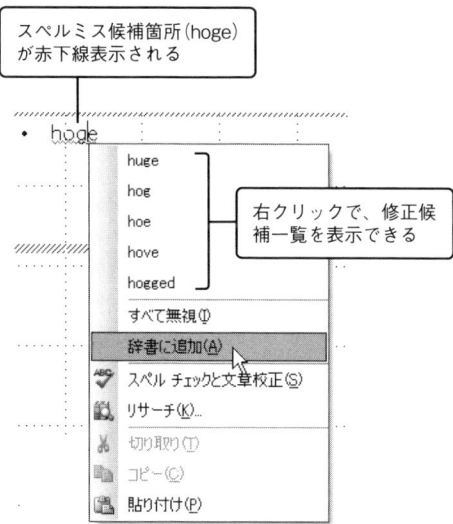

↑ 図2.3：「スペルチェック」機能とは？

2.1 PowerPoint全体に関わる設定のカスタマイズ

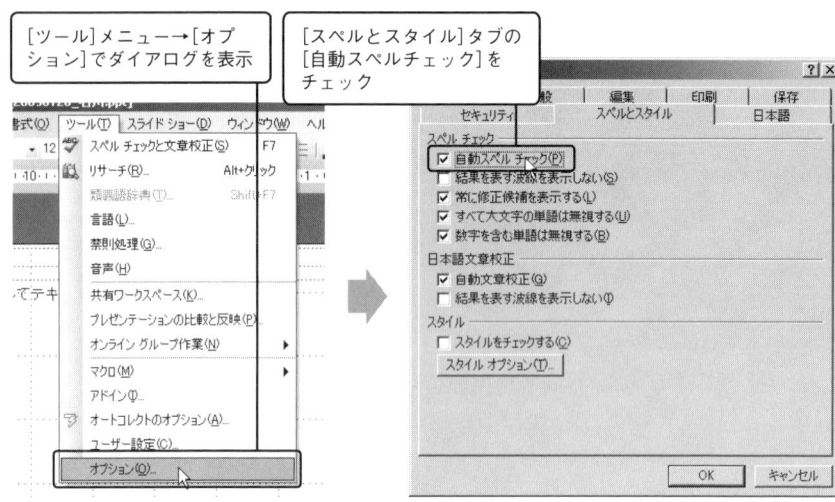

↑ 図2.4：「スペルチェック」機能（2003での設定方法）

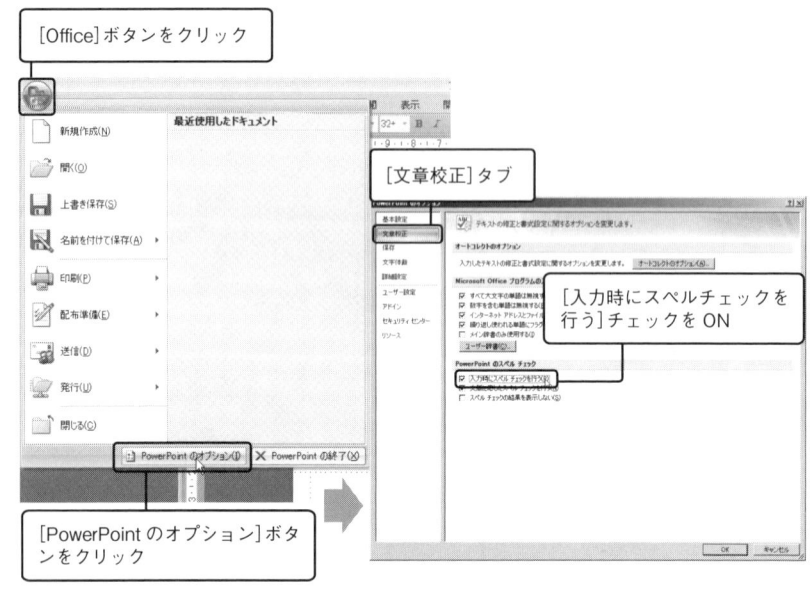

↑ 図2.5：「スペルチェック」機能（2007での設定方法）

一見便利な 2003 のスタイルチェック機能

2003の「スタイルチェック」という機能は、「最大／最小フォントサイズに規制を持たせる」など、ドキュメントの統一性を保つために役立ちそうな設定項目が並んでいます（**図2.6**）。

ところが、この機能をONにするには、あの鬱陶しいOfficeアシスタントをONにすることが前提であり、五月蠅くてとても使い物になりません。もし、この「スタイルチェック」が、スペルチェック機能と同様に赤下線を表示するだけの機能なら喜んでONにするのに……と思っていたら、2007では機能自体がなくなってしまいました。いろいろな意味で残念な機能です……。

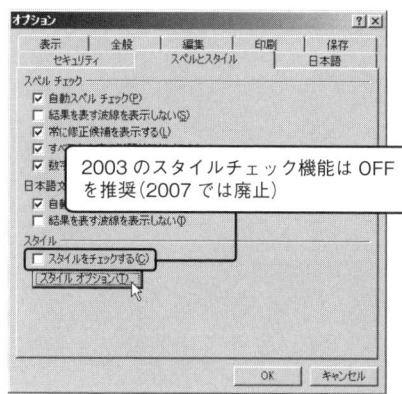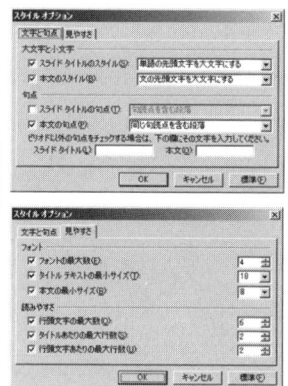

「スタイルチェック」の設定項目には一見便利そうな項目が並んでいるが……

2003のスタイルチェック機能はOFFを推奨（2007では廃止）

↑ 図2.6：一見便利そうなスタイルチェック機能

2.1.3 入力オートフォーマットはすべてOFF

「入力オートフォーマット」とは、先のオートコレクト機能に似た「自動修整系」の機能です。自動修整系機能は、（便利なときもありますが）基本的には邪魔ですので、これもすべてOFFにしてしまいましょう。

入力オートフォーマットの設定は、［オートコレクト］ダイアログの［入力オートフォーマット］タブで変更できます（**図2.7**）。

［入力オートフォーマット］タブに並ぶチェックボックスのうち、上部の「入

2.1 PowerPoint全体に関わる設定のカスタマイズ

力中に自動で変更する項目」群は動作が直観的にわかるかと思いますが、下部の「入力中に自動で書式設定する項目」はわかりにくいため、少し補足しておきます。

一番上の［箇条書きと段落番号］は、ONにすると文頭に「-」（ハイフン）や「1.」などを入力したときに、文字ではなく箇条書き記号や段落番号として書式設定されます（**図2.8**）。好みでONにしても構いませんが、筆者はふたつの理由からOFFにしています。理由のひとつは、箇条書きは明示的に操作した方が使いやすいためです。「硬派なPowerPoint資料」を心掛けている筆者としては、「箇条書き記号がバラバラで見栄えが悪い資料」は我慢できないため、スライドマスタで規定した箇条書き記号以外は使わないようにしています。もうひとつの理由は、PowerPointの段落番号自体の使い勝手がよくないためです（段落番号については3章で後述）。

［テキストをタイトルのプレースホルダに自動的に収める］および［テキストを本文のプレースホルダに自動的に収める］のふたつも、筆者はOFFにしています。この機能をONにすると、自動的にフォントサイズが変わり、ドキュメント全体でのフォントサイズの統一感が失われてしまいます。また、行間が詰められてしまうのも「余計なお世話」と言えるでしょう（**図2.9**）。

これらの理由から、入力オートフォーマットのすべてのチェックはOFFにしてしまおう、というのが硬派なパワポ流の設定です。

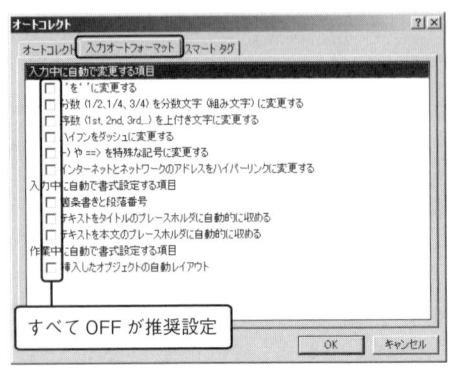

↑ 図2.7：［入力オートフォーマット］タブの設定

↑図2.8：[箇条書きと段落番号]をONにすると……

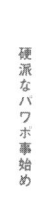

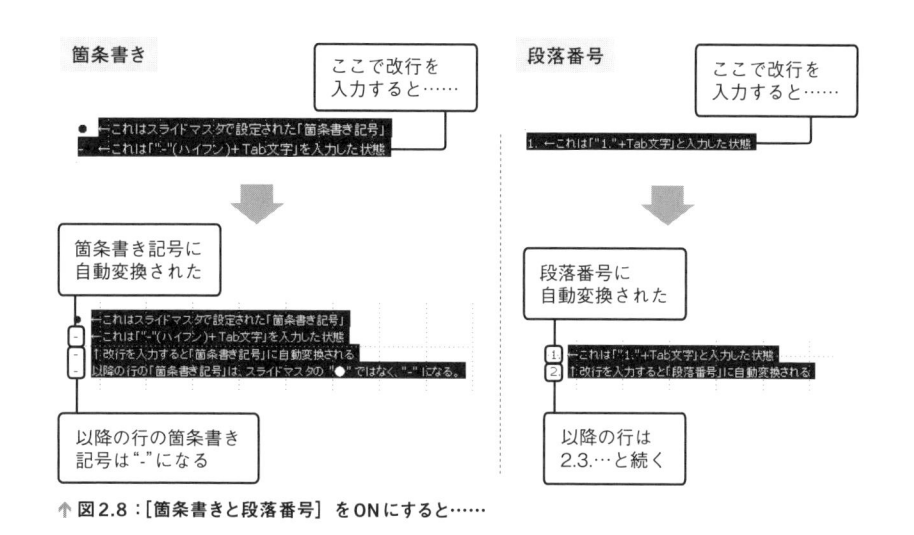

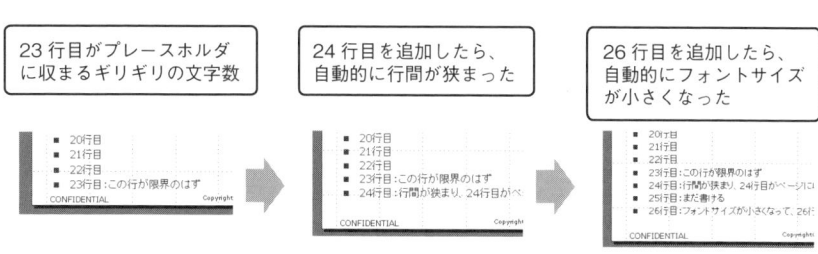

↑図2.9：テキストを本文のプレースホルダに自動的に収めると……

2.1.4　編集領域の確保（2003の場合）

　PowerPointに限らず、どんなアプリケーションでも「編集領域を広くしておく」ことは、使い勝手を向上させる上での重要なポイントです。Visual StudioやEclipseなど、IDEを使う際はソースコードの表示領域を広くするように神経を尖らせるのに、Officeアプリケーションの設定はインストール時のまま、というエンジニアは少なくありませんが、PowerPointでも編集領域を広くすれば格段に使いやすくなります。

2.1 PowerPoint全体に関わる設定のカスタマイズ

ステータスバーの非表示

図2.10は2003の画面です。画面中であまり使わない、あるいは滅多に目を向けない表示項目は何でしょうか？ 答えは人によって異なるかもしれませんが、画面下部に表示されているステータスバーを「重要だ」と言う人は少ないと思います。ステータスバーに表示される情報は、せいぜい「印刷処理中」や「保存処理中」などの状態を表すアイコンと、編集中のファイルの「現在ページ番号／総ページ数」程度です。どちらも常時表示するほど重要な情報ではありませんので、非表示に設定してしまいましょう。ステータスバーを非表示にするには、［ツール］メニュー→［オプション］で表示される［オプション］ダイアログの［表示］タブで設定します。

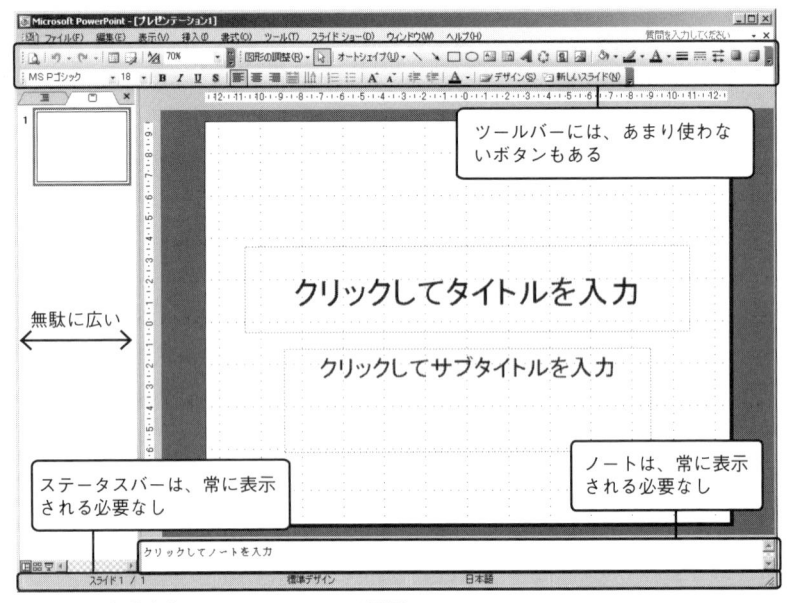

↑ 図2.10：起動直後のPowerPoint 2003の画面

ツールバーのカスタマイズ

さらに、ツールバーに並んだ数多くのボタンの中には、滅多に使わないものも含まれています。また、機能自体はよく使うものであっても、ツールバーで

はなくショートカットキーで代用できる機能も数多くあります。ショートカットキーを使いこなしてサクサク操作するのが硬派なパワポ流ですので、不要なボタンは非表示にしてしまいましょう。ツールバーのカスタマイズは、［ツール］メニュー→［ユーザー設定］で行います（**図2.11**）。

ツールバーに残しておくべきボタン（≒よく使うボタン）も人それぞれだと思いますが、筆者は**図2.12**のように設定しています。「よく使う機能をツールバーに置く」「ショートカットキーで代替可能なボタンは置かない」「ツールバーは1行に収まるようにする」「右寄せ・太字などの"現在の設定を表示"できると嬉しいボタンも置く」などが、この設定のポイントです。

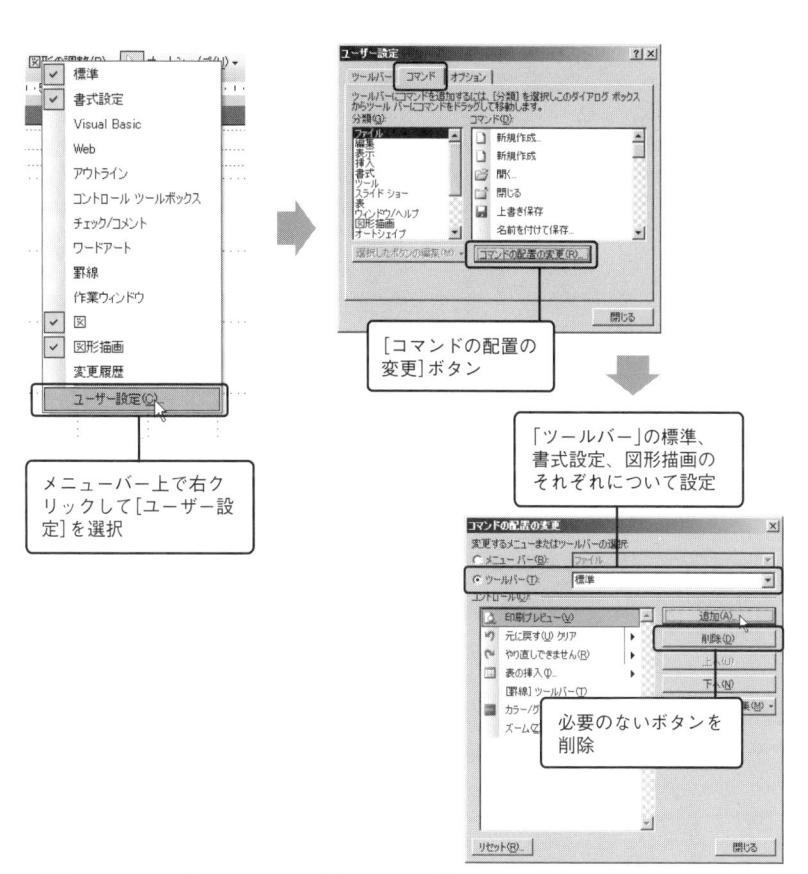

↑ 図2.11：ツールバーのカスタマイズ（2003の場合）

2.1 PowerPoint全体に関わる設定のカスタマイズ

分類	ボタン名称	表示しておく理由
標準	印刷プレビュー	ショートカットキーがない
	元に戻す、やり直す	現在「元に戻す/やり直す」操作が行えるかどうかを確認できるため、表示しておくと便利
	表の挿入	ショートカットキーがない
	カラー/グレースケール	ショートカットキーがない
	ズーム	ショートカットキーがない
書式設定	フォント	利用頻度が高く、表示しておくと、現在適用されているフォントを確認できる
	フォントサイズ	利用頻度が高く、表示しておくと、現在適用されているフォントサイズを確認できる
	太字、斜体、下線	現在適用されている「太字/斜体/下線」の設定を確認できるため、表示しておくと便利
	左揃え、中央揃え、右揃え	現在適用されている「左揃え、中央揃え、右揃え」の設定を確認できるため、表示しておくと便利
	段落番号、箇条書き	ショートカットキーがない
	フォントの色	利用頻度が高い
図形描画	図形の調整	利用頻度が高い
	オートシェイプ	利用頻度が高い
	四角形	利用頻度が高い。[オートシェイプ]ボタンからも操作可能だが、特に高頻度で使うため別途ボタンを置いておくと便利
	直線	利用頻度が高い。[オートシェイプ]ボタンからも操作可能だが、特に高頻度で使うため別途ボタンを置いておくと便利
	塗りつぶしの色	利用頻度が高い
	線の色	利用頻度が高い

ツールバーは1行で収まる

↑図2.12：ツールバーに残しておくべきボタンの一覧

ノートとスライド一覧

スライドの下に表示されている「ノート」は、常に使うものではないでしょう。ノートの境界線を下にドラッグして、普段はノートを非表示にしてしまいましょう。

また、画面左部の「スライド一覧」は、重要ではあるものの編集領域を狭くするという犠牲を払うほどではないはずです。これも境界線を左にドラッグして、スライド一覧の表示領域は必要最小限まで狭くしておきましょう。

　こうして編集領域を広くしたPowerPointの画面（2003）が**図2.13**です。**図2.10**と比べると、ずいぶん編集領域を広くすることができたと実感できるのではないでしょうか。

　なお、ノートとスライド一覧の表示領域のサイズは、個別のファイルに保存される情報です。別のファイルを開いたときには、そのファイルの設定が適用されるため、その都度設定が必要です。

　一方、ステータスバーやツールバーの表示設定はアプリケーション全体の設定になります。別のファイルを開いたときも、先ほど設定した内容がそのまま適用されます。

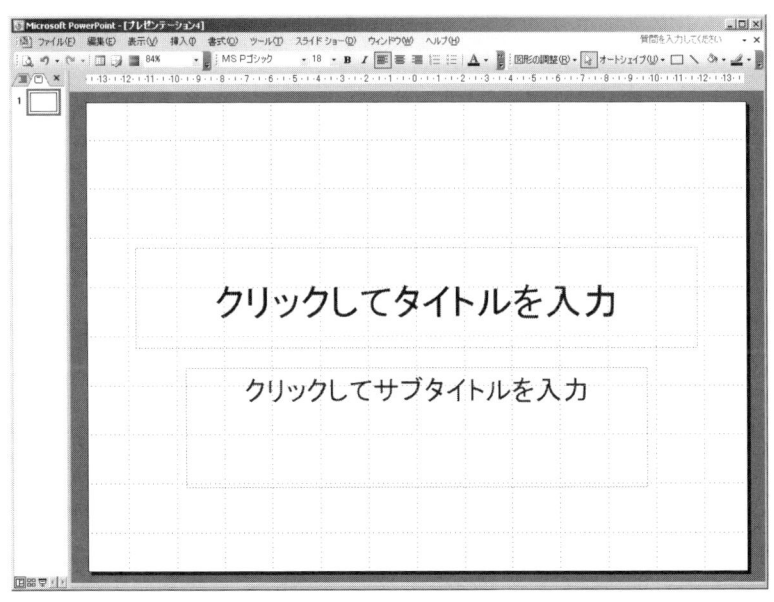

↑ **図2.13**：編集領域を広くしたPowerPoint2003の画面

2.1.5　編集領域の確保（2007の場合）

2007では、2003から大きくルック＆フィールが変更されたため、前述した編集領域を広くする設定が通用しません（**図2.14**）。

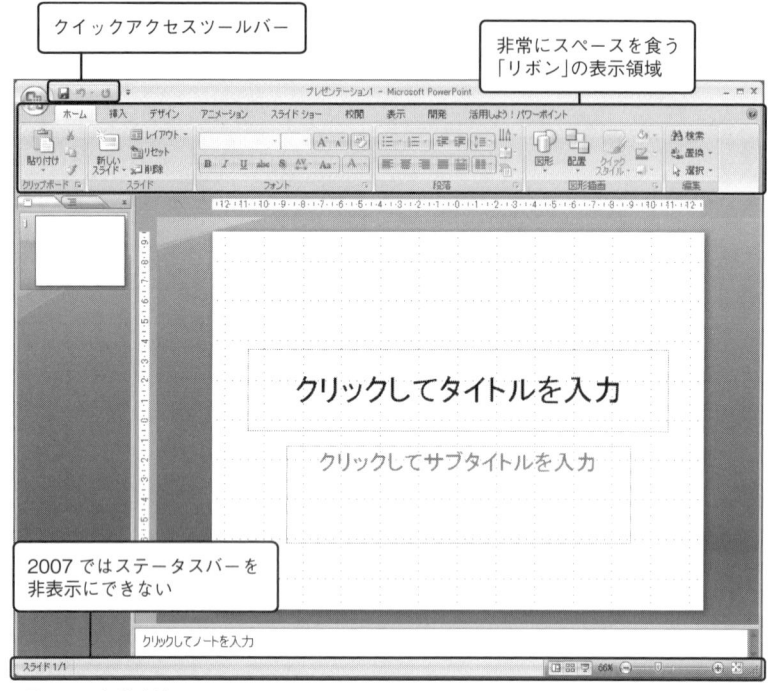

↑図2.14：起動直後のPowerPoint 2007の画面

2007では、ステータスバーを非表示に設定できなくなってしまいました。

また、画面上部がこれまでの「メニューバー」と「ツールバー」の構成ではなくなり、「リボン」と「クイックアクセスツールバー」に変わりました。リボンを非表示にすることはできませんが、最小化が可能なため、かなりのスペースを確保できます。最小化はリボンまたはクイックアクセスツールバー[*2]上で右クリックして、［リボンの最小化］を選びます。

リボンを最小化すると（**図2.15**）ボタンがすべて隠れてしまうため、必要

な機能のボタンをクイックアクセスツールバーに追加しておきましょう。クイックアクセスツールバーの上で右クリックして、[クイックアクセスツールバーのカスタマイズ]を選ぶと[PowerPointのオプション]ダイアログが表示されます。ダイアログの[ユーザー設定]で、前述した「ツールバーに置くべき機能」を選択しましょう。

　この方法以外にも、リボンにあるボタンの上で右クリックして[クイックアクセスツールバーに追加]をクリックすれば、ボタンの追加を行うことができます。徐々に自分流にカスタマイズできるこちらの方法が、[ユーザー設定]ダイアログを用いた方法よりも使い勝手がよいですので、ぜひ覚えておくとよいでしょう(**図2.16**)。

　なお、クイックアクセスツールバーは、デフォルトでは「リボンの上」に表示されていますので、ボタンを押したいときのマウス移動距離が少し遠くなってしまいます。表示位置はリボンの上下で選べますので、「リボンの下に表示」に設定しておいた方がよいでしょう(**図2.17**)。

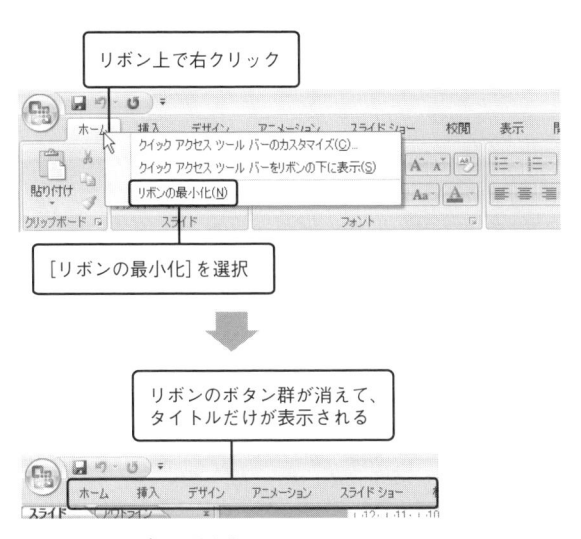

↑ 図2.15：リボンの最小化

---

*2　「クイックアクセスツールバー」は、2003までの「ツールバー」とまったく同等(少なくとも筆者はそう感じます)であるにもかかわらず、なぜ名前を変えたのか、理解に苦しみます。「クイックアクセスツールバー」という長ったらしい名前も、いささか冗長に感じます。

2.1 PowerPoint全体に関わる設定のカスタマイズ

設定方法1

[Office]ボタン→[PowerPointの オプション]でダイアログを表示

ここに追加したボタンがクイックアクセスツールバーに表示される

[ユーザー設定]タブを選択

設定方法2

リボン上で右クリックして[クイックアクセスツールバーに追加]（図の例は「フォントの種類」を選択）

クイックアクセスツールバーに「フォントの種類」が追加された

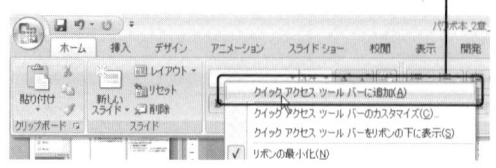

↑図2.16：クイックアクセスツールバーのカスタマイズ

リボン上で右クリックして[クイックアクセスツールバーをリボンの下に表示]

クイックアクセスツールバー

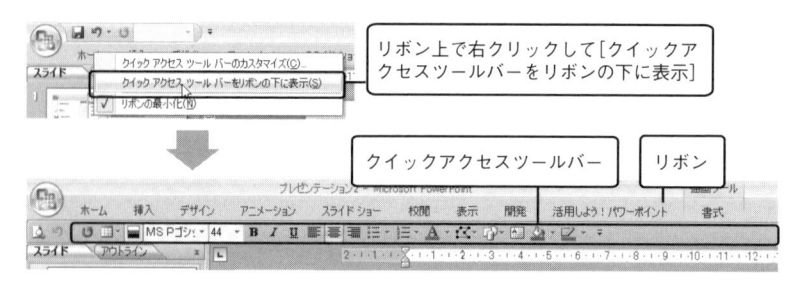

リボン

↑図2.17：クイックアクセスツールバーをリボンの下に表示

032

2.1.6　不要な機能はすべてOFF！

全体に関わる設定の最後に、これまでに取り上げた以外のオプション項目についてまとめて解説します。オプションの設定は、2003では［ツール］メニュー→［オプション］で表示される［オプション］ダイアログで、2007では［Office］ボタンから［PowerPointのオプション］ダイアログを表示して［詳細設定］で行います。

文字の選択時に、単語単位で選択する

［文字列の選択時に、単語単位で選択する］をONにすると、文章をドラッグ選択するときに「単語単位での選択」を行いやすくなります。任意の文字を選択したいときは、ドラッグではなくカーソルキーを使用すればよいため、ON／OFFのどちらに設定しておいても困ることはないでしょう。なお、筆者はONの挙動に慣れているので、ONに設定しています。

テキストのドラッグ アンド ドロップ編集を行う

［テキストのドラッグ アンド ドロップ編集を行う］をONにすると、**図2.18**のような編集が可能になりますが、切り取り（［Ctrl］＋［X］キー）／貼り付け（［Ctrl］＋［V］キー）でも同様の操作を行えますので、筆者にとってはあまり使う機会がありません。この機能も、ON／OFFどちらでも困ることはないため、好みで設定しましょう。なお筆者は、特に弊害がないため、この機能をデフォルト（ON）のままにしています。

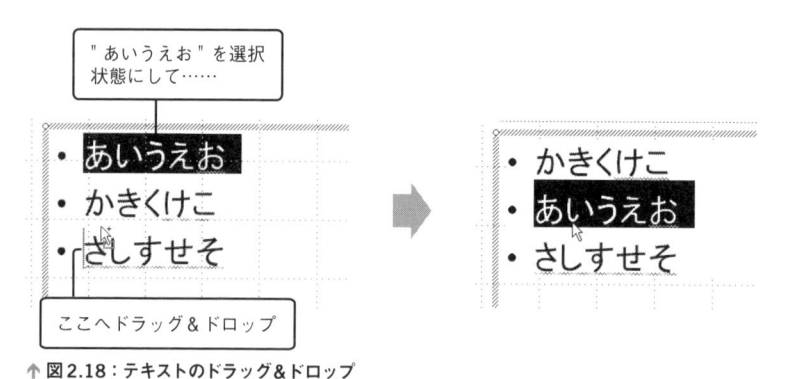

2.1 PowerPoint全体に関わる設定のカスタマイズ

↑ 図2.18：テキストのドラッグ＆ドロップ

スペースを自動的に挿入または削除する

　［スペースを自動的に挿入または削除する］は、OFFにすべき機能です。ONにすると、切り取りや貼り付けの操作時に勝手にスペースが挿入／削除され、使い勝手が低下してしまいます（**図2.19**）。2007では「余計にスペースが挿入されてしまう」ケースが少なくなり、機能がある程度改善されているため、ONにしておいてもそれほど問題にはなりません。とは言え、挙動が推測できない[*3]ため、「ぜひONにすべき」機能ではありません。筆者は、2007でもOFFにしておくことをお勧めします。

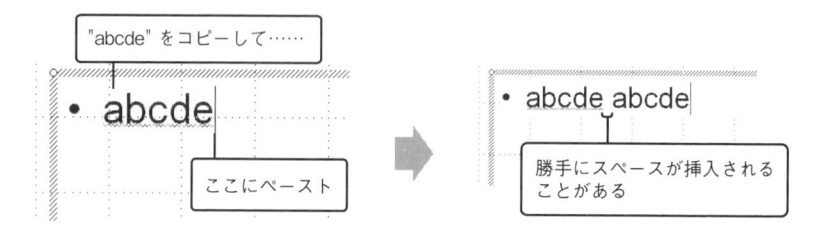

↑ 図2.19：［スペースを自動的に挿入または削除する］をONにすると……

---

*3　本書執筆にあたり、筆者もいろいろ試したりネットで調べたりしてみましたが、結局「どのようなときにスペースの挿入／削除が行われるのか」は、わかりませんでした。

［貼り付けオプション］ボタンを表示する

［［貼り付けオプション］ボタンを表示する］チェックは、2003 ／ 2007のいずれにおいてもONにしておいた方がよいでしょう。

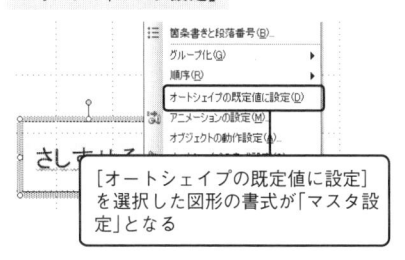

PowerPoint2000まで、貼り付け操作時の文字書式は「貼り付け先の書式にしたがう」という挙動でした。ところが2003以降では「貼り付け先のマスタ設定にしたがう」挙動がデフォルトに変更されました。なお、ここで言う「マスタ設定」とは、プレースホルダの場合は「スライドマスタの設定」を意味し、図中の文字の場合は図形上で右クリックして「オートシェイプの既定値に設定（2007では「既定の図形に設定」）」で選択した図形の書式を意味します（**図2.20**）。2003以降の挙動変更に伴い、「書式設定をマスタから変更した」オブジェクトを貼り付け先に選んだ場合に、非常に不格好になってしまうことが多くなりました。

この挙動を回避するための機能が、［貼り付けオプション］ボタンです。ボタンを押すと、「元の書式を保持（＝貼り付け元の書式を使用）」「マスタの書式（＝貼り付け先のテーマを使用）」「貼り付け先の書式（＝テキストのみを保持）」のいずれを適用するか選ぶことができ、2003以降では不可欠な機能のひとつとなりました（**図2.21**）。

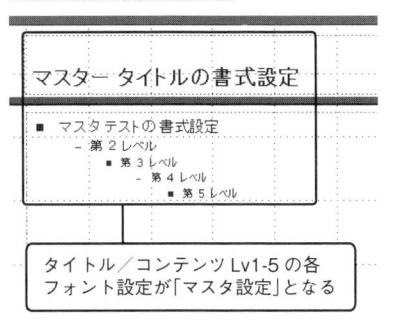

↑ 図2.20：マスタ設定の違い

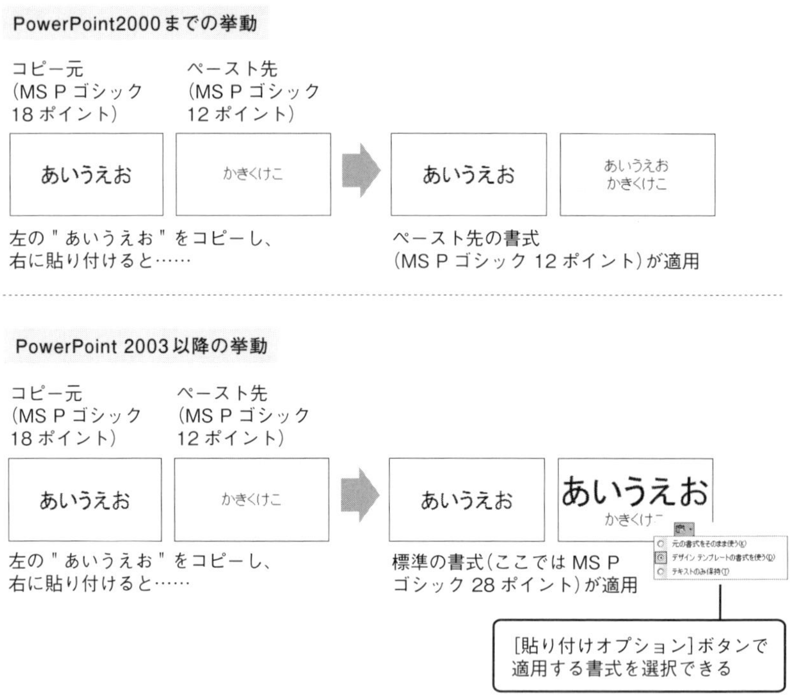

2.1　PowerPoint全体に関わる設定のカスタマイズ

PowerPoint2000までの挙動

コピー元
(MS P ゴシック
18 ポイント)

ペースト先
(MS P ゴシック
12 ポイント)

あいうえお　かきくけこ　→　あいうえお　あいうえお / かきくけこ

左の"あいうえお"をコピーし、
右に貼り付けると……

ペースト先の書式
(MS P ゴシック 12 ポイント)が適用

PowerPoint 2003以降の挙動

コピー元
(MS P ゴシック
18 ポイント)

ペースト先
(MS P ゴシック
12 ポイント)

あいうえお　かきくけこ　→　あいうえお　あいうえお / かきくけー

左の"あいうえお"をコピーし、
右に貼り付けると……

標準の書式(ここでは MS P
ゴシック 28 ポイント)が適用

[貼り付けオプション]ボタンで
適用する書式を選択できる

↑ 図2.21：[貼り付けオプション] ボタンの挙動

高速保存（2003）

　2003では、[保存] タブに [高速保存] というチェックボックスがありますが、これはOFFにすべき機能です。

　1MBを超える大きなサイズのファイルを保存する際には「高速さ」を体感できるようになるのですが、このチェックをONにすると、しばしば「ファイルサイズが無尽蔵に膨らむ」事象に悩まされることになります。例えば「ファイルから何枚かのスライドを削除」したような場合でも、なぜかファイルサイズが膨らんでしまうのですから困りものです。

　ファイルをメール添付で配布するなど、ファイルサイズの削減が求められるときのみOFFにして、普段はONにしておく、といった使い方も考えられますが、そこまで劇的に高速化するわけではありませんので、普段からOFFにしておいて問題ないでしょう。

2.1 PowerPoint全体に関わる設定のカスタマイズ

標準のファイル保存形式（2007）

2007の［保存］タブには、「標準のファイル保存形式」という項目があります。この設定は、ファイルの閲覧／編集を行う人が全員2007をインストールしている環境以外では、「PowerPoint 97-2003プレゼンテーション」を選択しておくべきでしょう。

2007では、デフォルトのファイル保存形式が「Office Open XML形式」になりました。これは形式的な変更に留まらず、多くの新機能が盛り込まれています。「PowerPoint 97-2003プレゼンテーション」を選択しておくと、これら新機能の使用が抑制され、基本的に「2003でも開けるファイル」状態を保つことができます。具体的には「プレースホルダの追加」「段組み」「SmartArt」などの"2007ならでは"の機能が使えないようになります[*4]。

[*4] ただし、この設定を適用しても、一部の機能については抑制が中途半端なため、「互換性を完全に保証できる」わけではありません。注意しましょう。

2.2　ファイルごとに保存される設定項目

本節で解説するのは、「ファイルごとに保存される設定項目」です。

ファイルごとの設定とはいえ、新たなファイルを作成するたびに設定し直さなくてはならないようなものではなく、どれも「一度設定すれば、後はそのファイルをコピーして使いまわせる」ものばかりです。なお、後に詳しく解説する「スライドマスタ」は、ファイルごとの設定項目の代表と言えますが、重要度を考慮して別節で取り上げます（P.48を参照）。

2.2.1　意外と見落としがちなページ設定

まずは「ページ設定」について解説しましょう。ページ設定は、PowerPointを使い慣れた人であっても「そんなのあったっけ？」と言われるほど、存在感の薄い項目です。しかしながら、PowerPointを使いこなす上では大切な項目のひとつですので、正しく設定しておきましょう。

設定は、［ページ設定］ダイアログで行います（**図2.22**）。2003では［ファイル］メニュー→［ページ設定］を、2007では［デザイン］リボン→［ページ設定］を選択すると、ダイアログが表示されます。［ページ設定］ダイアログでは、「スライドのサイズ」や「スライドの向き」「スライドの開始番号」などを設定できます。

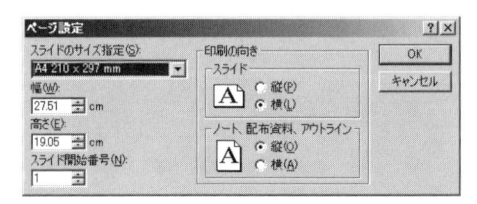

↑ 図2.22：［ページ設定］ダイアログ

スライドのサイズ指定はA4がお勧め

スライドのサイズは、特に気にせずデフォルトの「画面に合わせる（4：3）」を適用している人が多いと思いますが、筆者は原則「A4 210×297mm」に設

定しています。A4を使用する理由は以下の2点です。

まず、編集領域を広く使えます。デフォルトサイズ（4：3比）は横向きの場合、「横25.4cm×19.05cm」ですが、A4サイズにすると横幅が「27.51cm」まで編集できるようになり、約2cm幅の領域を確保できることになります。硬派なパワボ流では「そのページで何を伝えたいか」を重視するため、単一の文脈が複数ページに跨がってしまうことを極力避ける必要があります。このため、この「2cm幅」のスペースはとても大事なのです。

A4サイズを使用するもうひとつの理由は、印刷時の見栄えがよいという点です。作成している資料が「スクリーンに映して壇上で話すためのもの」ならばデフォルトの4：3比を使用すべきですが、エンジニアが日々作成する資料は紙に印刷する場合がほとんどでしょう。4：3比のPowerPoint資料をA4用紙に印刷すると、左右の余白が少し不格好となりますが、スライドのサイズがA4サイズならばこんなことにはなりません（図2.23）。

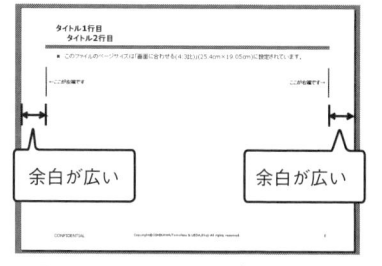

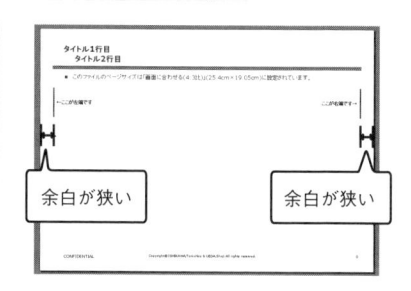

↑ 図2.23：スライドのサイズ設定

スライドの向きはデフォルトがベスト

スライドの向きは、［スライド］そのものは「横向き」、［ノート、配布資料、アウトライン］*5は「縦向き」に設定するのが鉄則です。

編集領域を広く確保するためには、短い文章の右側にできてしまう余白を無駄にしない「縦向き」が望ましいのですが、縦向きの資料はPowerPointで編集

＊5 「アウトライン」の使い方の例は5章で、「ノート」「配布資料」の使い方の例は6章で、それぞれ詳しく解説しますのでここでは割愛します。

しにくく、また、PowerPointは慣習的に横向きの資料が多いため、「横向き」が無難でしょう。

スライド開始番号の設定は表紙の有無によって変える

スライドの開始番号は、表紙がある資料の場合は「0」に、表紙がない資料の場合は「1」に設定しておきましょう。なお、表紙がある資料で「0」を設定するのは、表紙には通常スライド番号を表示せず、次のスライドから「1ページ目」とするのが一般的なためです。

2.2.2　グリッド／ガイド設定の鉄則

グリッドとガイドの設定は、PowerPointの使い勝手を大きく左右する重要な項目です。

スライド上で右クリックして表示されるメニューから［グリッドとガイド］を選ぶと、［グリッドとガイド］ダイアログが表示されます。

筆者が推奨する設定は、**図2.24**のとおりです。その理由は後述しますが、この設定は長年のPowerPoint経験から、"鉄則"と自信を持ってお勧めできますので、ぜひ試してみてください。なお、［既定値に設定］ボタンを押すと、新しく作成されたファイルにもこの設定が適用されます。

では各項目について、順番に解説していきます。

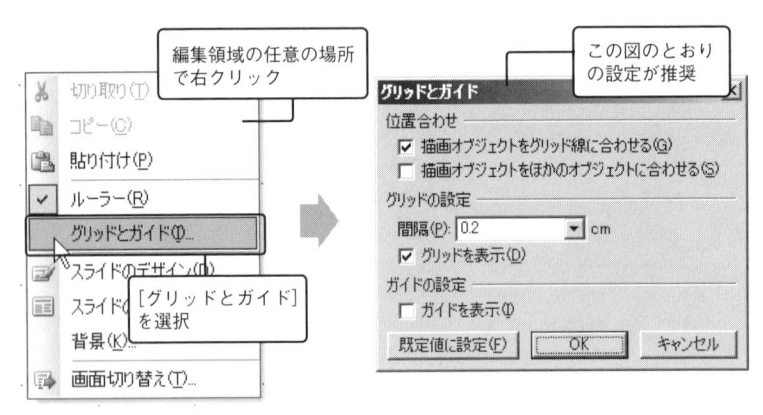

↑ 図2.24：［グリッドとガイド］ダイアログ推奨設定値

描画オブジェクトをグリッド線に合わせる

［描画オブジェクトをグリッド線に合わせる］は、必ずONに設定しましょう。OFFにすると、ドラッグ&ドロップによる図形の移動やサイズ調整が、"スムーズなサイズ調整"になってしまい編集しにくくなります。また、カーソルキーでの図形移動も、"小刻みな移動"になってしまい正確さを欠きます。設定をONにしても、［Ctrl］キーや［Alt］キーを押しながらドラッグすればスムーズなサイズ調整や小刻みな移動を行うことができますので、ONにして困る局面は一切ありません。

描画オブジェクトをほかのオブジェクトに合わせる

［描画オブジェクトをほかのオブジェクトに合わせる］をONにすると、ドラッグ&ドロップで図形の移動／サイズ調整を行う際、近くのオブジェクトにピタッと吸い寄せられるような挙動になります（**図2.25**）。この挙動が便利に働くこともあるのですが、余計なお世話であることの方が多いため、OFFにすることをお勧めします。

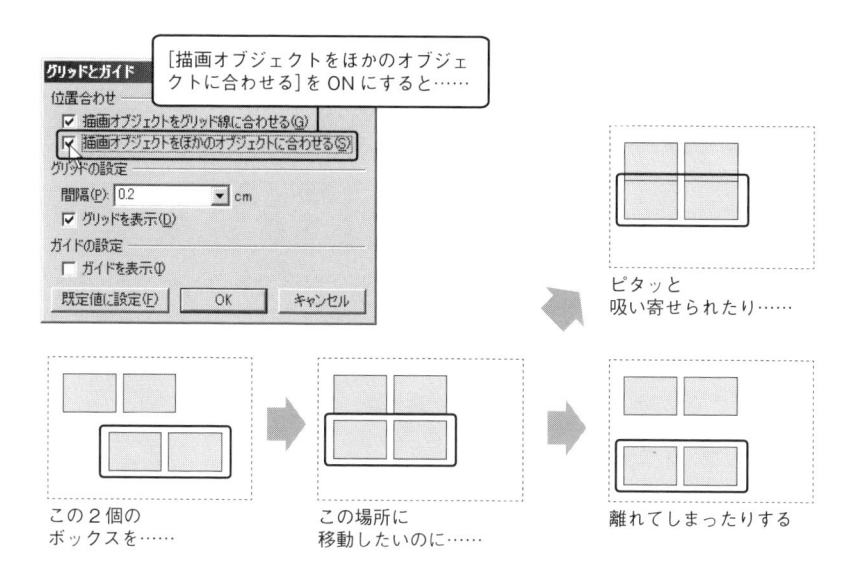

↑ 図2.25：［描画オブジェクトをほかのオブジェクトに合わせる］をONにすると……

グリッドの設定

［グリッドの設定］の「間隔」は、「0.2cm（5グリッド/cm）」が適切な値だと断言します。より細かい値（0.1cmなど）に設定すると、前述の［描画オブジェクトをグリッド線に合わせる］をOFFにしたときの操作感とさほど変わらなくなってしまい、逆に大きな値（2.5cmなど）にすると「もう少しきめ細かく編集したい」局面が出てきてしまいます。ここはひとつ騙されたと思って「0.2cm」を使用してみてください。

グリッド／ガイドの表示

［グリッドを表示］は、言うまでもなくONに設定しましょう。グリッド線は、図やテキストの編集を行う上で、配置場所の目安として重宝します。

最後の［ガイドを表示］は、OFFに設定した方が使いやすいでしょう。ガイドを表示すると必ず「描画オブジェクトがガイドに吸い寄せられる」挙動になるため、前述の［描画オブジェクトをグリッド線に合わせる］設定が意味のないものになってしまいます。ガイドを「表示するだけ」という設定が可能であればぜひ使いたいところですが、残念ながら現状ではOFFにせざるを得ません。

2.2.3　配色設定の意義

PowerPointの配色設定は、その存在をあまり知られていません。しかし、正しく理解しておかないとしばしば面倒な問題に見舞われることになる機能です。例えば、何枚かのスライドを別のファイルにコピー＆ペーストする際に「色味が変化してしまう」事態に陥ることがあります。この問題の裏に潜んでいるのが、配色の設定です。

配色とは、WordやHTMLにおける「スタイル」のようなものです。例えば「強調色1」というクラス（のようなもの）に対して実際に使用する色を定義しておくと、スライド中の図形はあくまで「強調色1を使用している」という状態になります（図2.26）。

配色の設定は、2003ではスライド一覧上で右クリックして［スライドのデザイン］を選択すると表示されるガイドの上部にある［配色］を（図2.27）、

2007では［デザイン］リボンから［配色］→［新しい配色パターンの作成］を選びます（**図2.28**）。

　背景色には「白」、前景色には「黒」を設定するのが鉄則ですが、それ以外のアクセント色などには、自社のコーポレートカラーと、それと併せて使用しても突飛な印象を与えない同系色や、強い原色以外の好みの色を設定しておくとよいでしょう。定義された色は、図形の背景／前景／線の色を設定する際のカラーパレットに表示されます。

　配色を定義する上で大切なポイントは、グレースケール表示時にも色の違いを区別できるように注意することです。再三申し上げているように、硬派なパワポ流のPowerPoint資料は「紙で印刷する」場合を想定する必要があります。コスト削減、あるいはビジネスマナー的にも、会議で資料を配布する際やレビュー時の印刷物は白黒印刷で行うのが常識です。「この青で塗りつぶした部分が……」といった説明の仕方は通用しません。カラー表示時だけでなく、白黒印刷についても十分考慮して、配色を定義する必要があるのです。

　なお、配色機能は2003と2007で大きく異なります。例えば、2003では定義できる色数が8色であるのに対し、2007では10色になりました。さらに2003では配色で定義した色だけがパレットに並びますが、2007では定義した色だけでなく、その濃淡グラデーション色も表示されます。このような機能の違いから、2007で作成したファイルを2003で開いた際に、色味が大きく変化することがありますので注意しましょう。

　さて、勘のよい人はもう気づいたかもしれませんが、本項の冒頭に紹介した問題は、コピー元とコピー先で配色の設定が異なっていたことが原因です。これを避けるための方法のひとつは、配色に基づいた色を一切使わないようにすることでしょう。しかしながら、パレットの一番目立つ場所にある「配色で定義した色」を、あえて使わずに資料を作成するには、相当気を使って作業しなくてはいけません。それを関係者全員の共通認識とすることなど、事実上不可能と言えます。そのため、より現実的な解決方法は、コピー元とコピー先、双方の資料作成者が配色機能を理解し、特異な色を定義しないように気を付ける、ということになるでしょう。

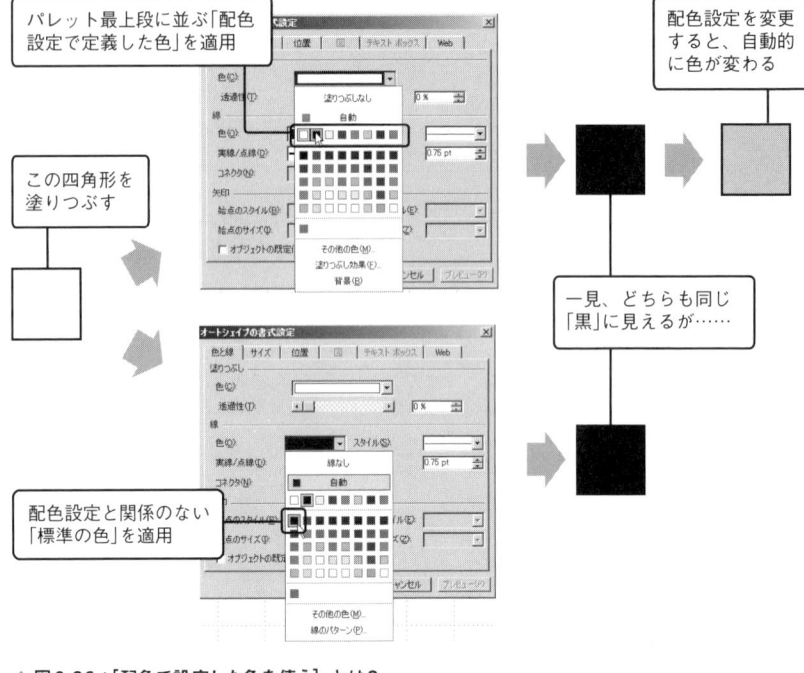

2.2 ファイルごとに保存される設定項目

↑ 図2.26：[配色で設定した色を使う] とは？

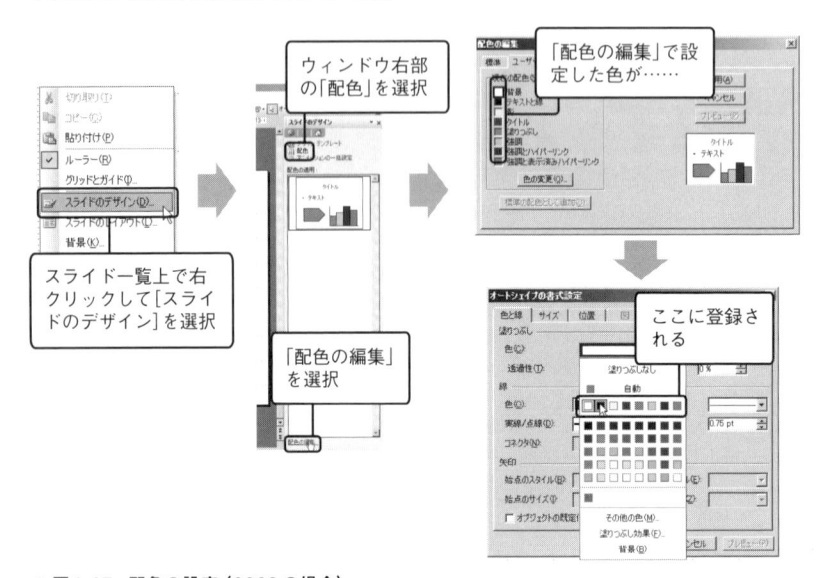

↑ 図2.27：配色の設定（2003の場合）

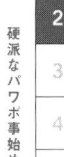

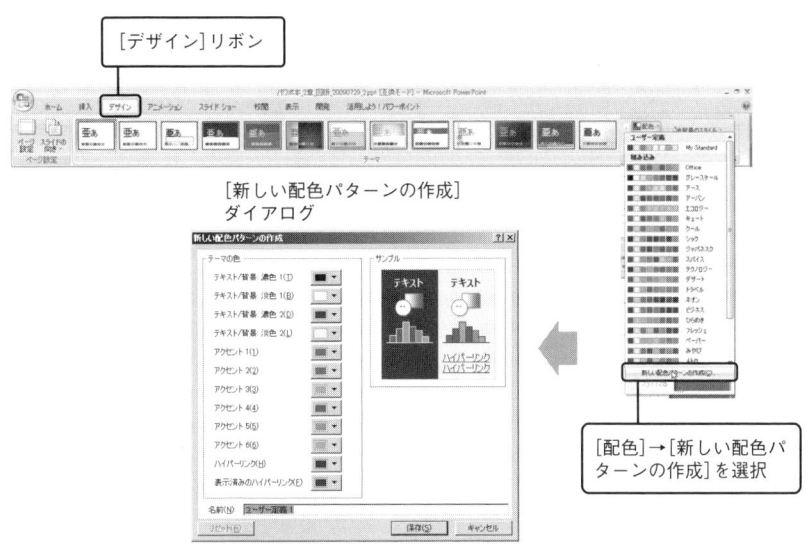

↑ 図2.28：配色の設定（2007の場合）

2.2.4　2007で拡張された「標準のフォント」設定

　ひとつの資料にいろいろな種類のフォントを混在させてしまうと、資料の統一感が損なわれてしまいますので、使用するフォントの種類は少なく留めるように心掛けましょう。

　PowerPointのフォント設定は、全角文字と半角文字それぞれについて「標準で使用するフォントの種類」を設定できます。使用するフォントの種類は好みの問題ですが、筆者はあまり主張の強くないフォントが好みですので、全角文字に「MS Pゴシック」を、半角文字に「Verdana」を使うようにしています。

　PowerPointでも、Wordのスタイル機能のように「スタイルを変えれば、そのスタイルを適用している文字列のフォントが一括で変更される」という使い方が可能です。その方法である「標準のフォント」機能について解説していきましょう。

　2003における「標準のフォント」とは、「スライドマスタのプレースホルダに設定したフォント」のことを指します。図2.29の要領でスライドマスタのフォントの種類を変更すると、「スライドマスタのフォントをそのまま使用し

2.2 ファイルごとに保存される設定項目

ていた箇所」のフォントが、一括で変更されるようになります。2003ではプレースホルダ以外（図形や表中の文字列）を、一括で置換することはできません。［書式］メニュー→［フォントの置換］機能を使って「フォントAの使用箇所を、すべてフォントBに置換する」ことは可能ですが、これは「おまけ機能」程度と考えるべきでしょう[*6]。

一方2007では、「フォントパターン」という機能が追加されました。「フォントパターン」は、前述の「配色」に似た考え方の機能で、フォントの種類を直接指定するのではなく、"本文部の全角文字"のように「パターンを指定」することができます。フォントパターンを適用しておけば、プレースホルダだけでなく、図中の文字などについても一括でフォントを置換することが可能、というわけです。

フォントパターンは、［デザイン］リボンの［フォント］→［新しいテーマのフォント パターンの作成］で変更することができます（**図2.30**）。

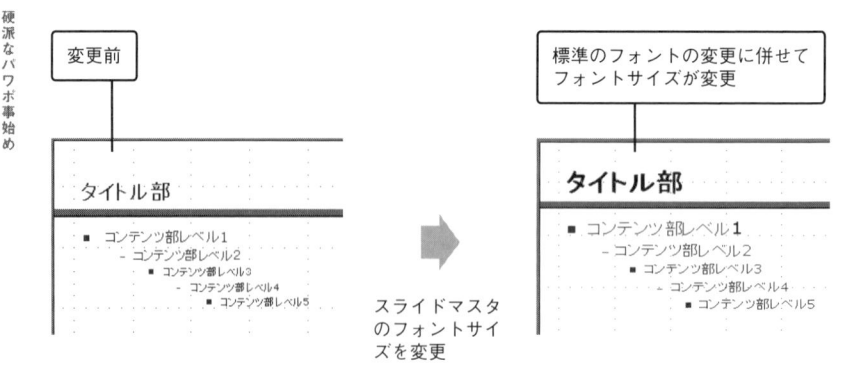

↑ 図2.29：［標準のフォント］を変更すると、そのフォントの使用箇所も変更される

---

*6　2007では、フォントの置換機能は廃止になりました。これはこれで「たまに使いたいことがある」機能でしたので、廃止は残念なことです。

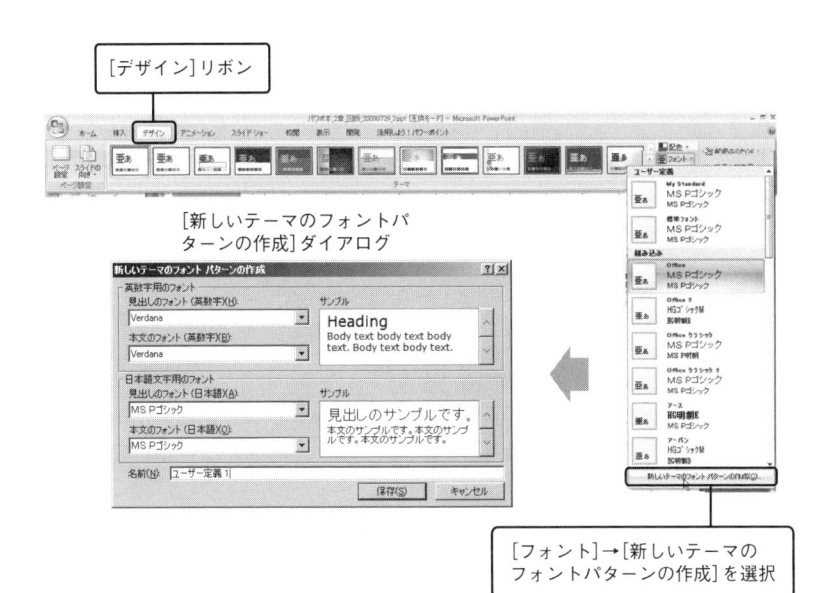

2.2 ファイルごとに保存される設定項目

↑ 図2.30：フォントパターンの設定

2.3 "硬派なスライドマスタ" を作ろう

　PowerPointは、「部署やチーム関係者内で同じ設定を使用している」状況を作り出すことによって、使いやすさが飛躍的に向上します。例えば、前節で取り上げた配色の問題を回避できたり、ほかの人が作成したPowerPoint資料に手を加えるときでも違和感なく操作できることになります。この状況を作り出すためには、本節で紹介する「スライドマスタ」を、関係者全員の「共通テンプレート」として共有しておくことが有効です。

　スライドマスタの良し悪しは、PowerPointの使い勝手を大きく左右させるとても重要な鍵となりますので、その仕組みを正しく理解しておきましょう。

　なお、PowerPointには数多くの「デザインテンプレート」が標準で用意されていますが、硬派なパワポ流の資料に適したテンプレートはありません。よって本書では、「白紙スライド」をベースにスライドマスタを作成していくこととします。

2.3.1 作成するのは本文／表紙／中表紙の3点

　PowerPointで作成する資料の基本的な構成と、各ページで使用するテンプレートは、**図2.31**のようになります。図のような構成の資料を作る上で、最低限必要となる「本文」「表紙」「中表紙」のテンプレートをそれぞれ用意するのが、本節のゴールです。

　例によって2003／2007では「スライドマスタ」機能が異なっていますので、それぞれについて白紙スライドの状態から順を追って解説していきます。

1 表紙（[表紙] のテンプレートを使用）

2 はじめに（[本文] のテンプレートを使用）

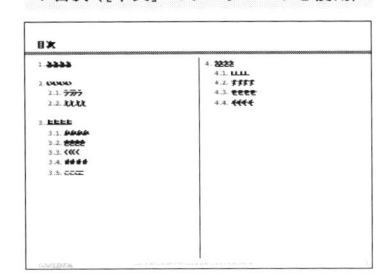

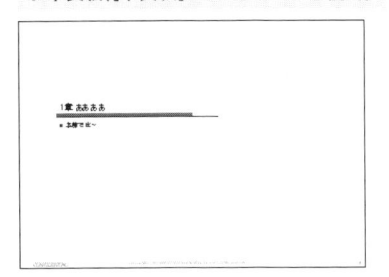

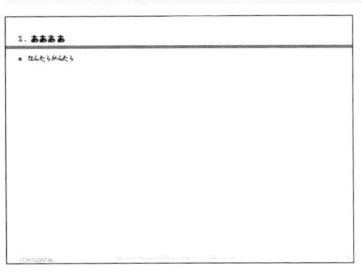

↑ 図2.31：PowerPointで作成する資料の標準的な構成

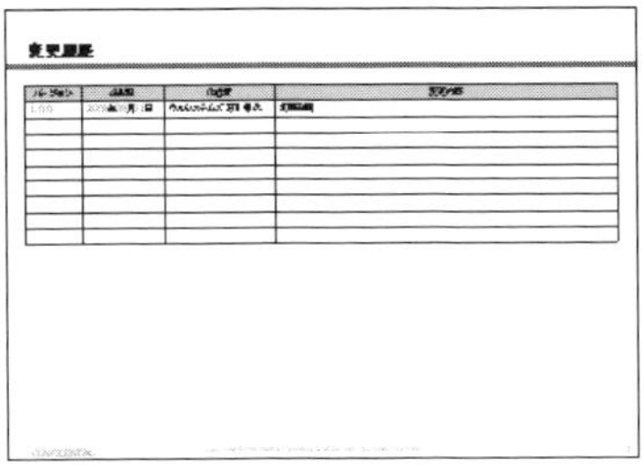

スライドマスタ作成の下準備（2003の場合）

　2003では、［表示］メニュー→［マスタ］→［スライドマスタ］を選ぶと、スライドマスタ編集画面に切り替わります（**図2.32**）。2003の「白紙スライド」には、「本文」用のスライドマスタが1枚だけ用意されている状態ですので、「表紙」と「中表紙」用のスライドマスタを追加する必要があります。「スライドマスタ一覧」上で右クリック→［新しいタイトルマスタ］を選ぶと、表紙用のスライドマスタが作成されます。2003のスライドマスタでは、本文と表紙のテンプレートをそれぞれ1枚ずつしか作ることができませんので、「中表紙」のテンプレートを作成するためには、新たに別のスライドマスタを作成します。スライドマスタ編集画面で、［スライドマスタ一覧］上で右クリック→［新しいスライドマスタ］を選ぶことで、最初に用意した本文と表紙のペアとは別に、もう1枚スライドマスタが作成されます（**図2.33**）。

　作成した「本文」「表紙」のスライドマスタを、各スライドに適用するには、

2.3 "硬派なスライドマスタ"を作ろう

スライド一覧上で右クリックして［スライドのレイアウト］を選び、右側に表示されるガイドで「タイトルスライド」を選ぶと「表紙」のスライドマスタが、それ以外を選ぶと「本文」のスライドマスタが適用されます（**図2.34**）。

「中表紙」は、別のスライドマスタとして作成したため、この一覧には登場しません。スライド一覧上で右クリックして［スライドのデザイン］を選び、右側に表示されるガイドに先ほど作成した「中表紙」のスライドマスタが表れますので、これを選択しましょう。なお、このとき［選択したスライドに適用］を選ばないとすべてのスライドに中表紙のデザインが適用されてしまいます（**図2.35**）。注意しましょう。

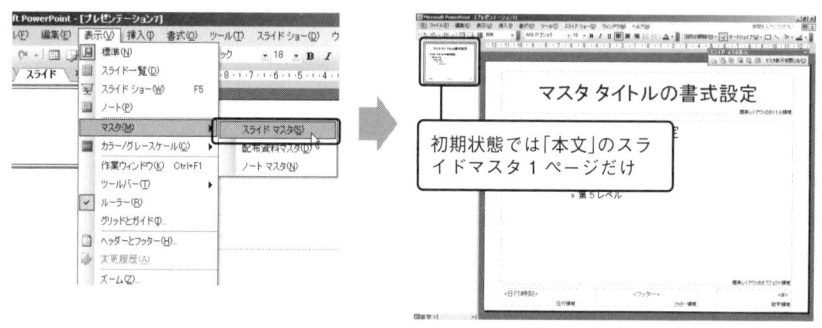

↑ 図2.32：スライドマスタの表示方法

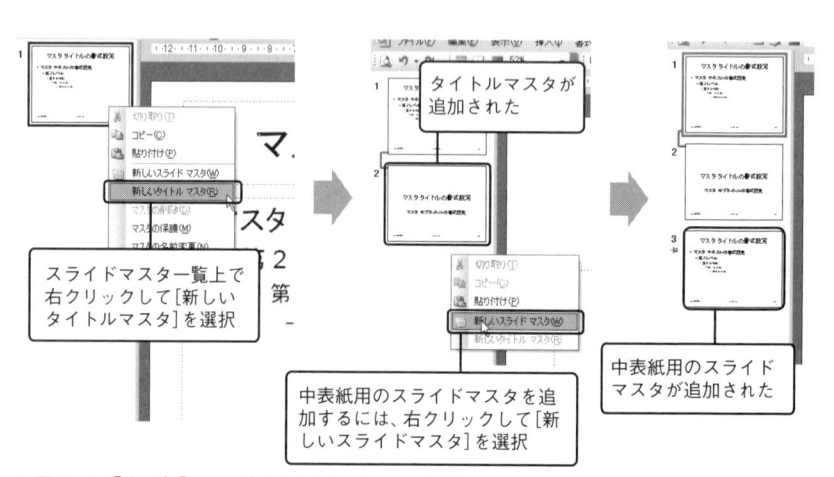

↑ 図2.33：「表紙」「中表紙」スライドマスタの追加方法

2.3 "硬派なスライドマスタ"を作ろう

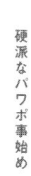

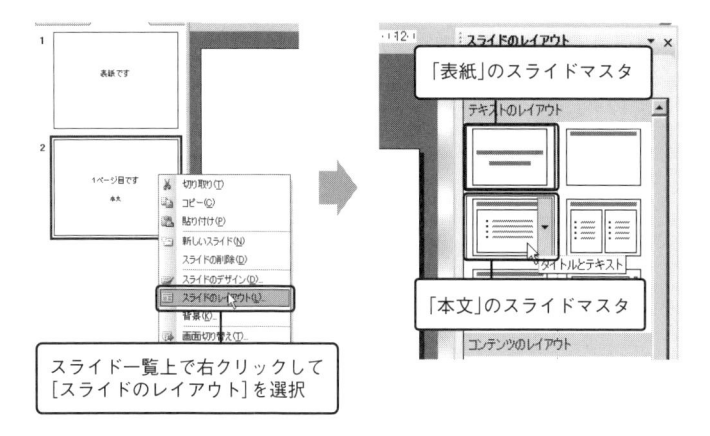

↑ 図2.34：各ページにスライドマスタを適用

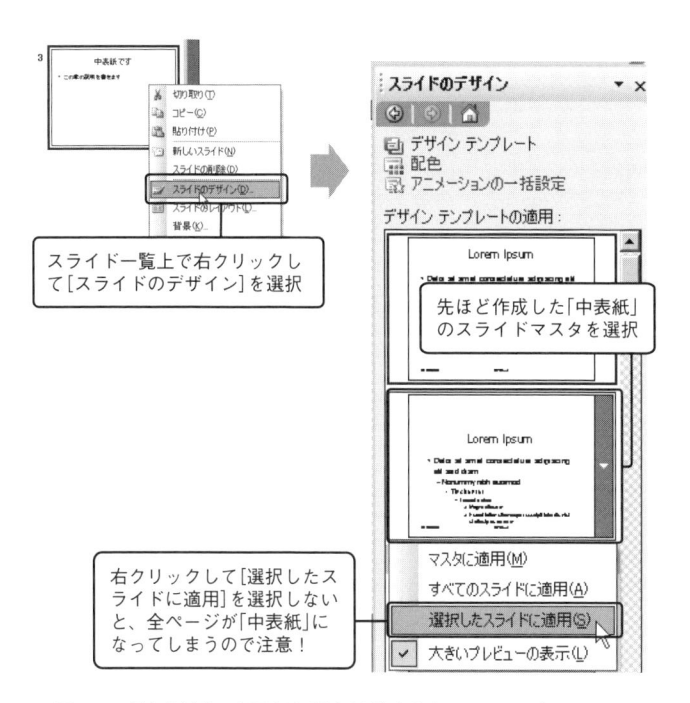

↑ 図2.35：「中表紙」の適用方法（「表紙」「本文」とは別マスタ）

051

スライドマスタ作成の下準備（2007の場合）

　2007では、白紙スライドの状態で、すでにさまざまなスライドマスタが用意されており、［表示］リボンで［スライドマスタ］を選ぶと、それらが表示されます。「本文」「表紙」「中表紙」以外は使用しませんので、不要なマスタは削除しておきましょう（**図2.36**）。各スライドにスライドマスタを適用するには、スライド一覧で右クリックして［レイアウト］を選び、「本文」「表紙」「中表紙」の中から適用したいマスタを選びます（**図2.37**）。

　なお2007では、マスタ一覧の一番上に表示されているものを「スライドマスタ」と呼び、それにぶら下がっている各マスタを「スライドレイアウト」と呼びます。スライドマスタのフォント設定などを変更すると、その内容がスライドレイアウトにも反映されます。ただし、各スライドレイアウトで個別に設定を変更している場合は、変更内容が反映されませんので注意しましょう。

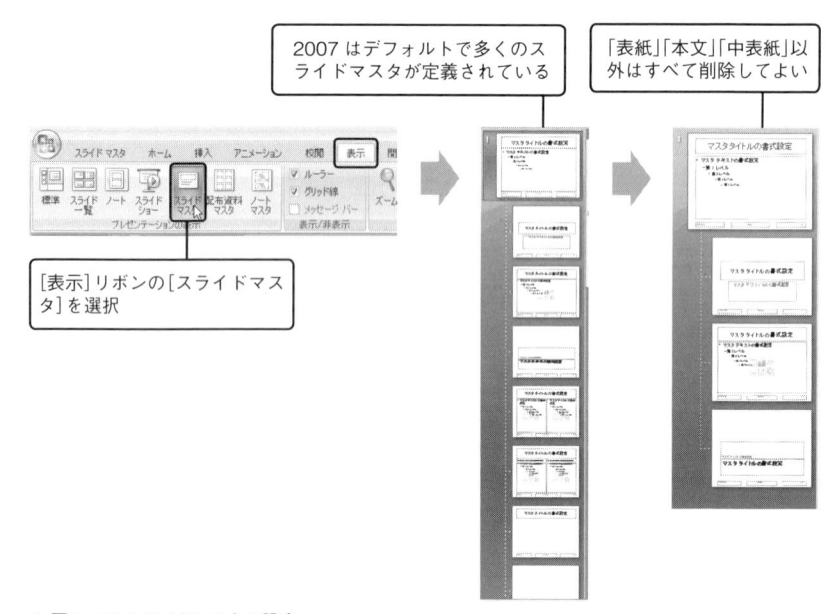

↑ 図2.36：スライドマスタの設定

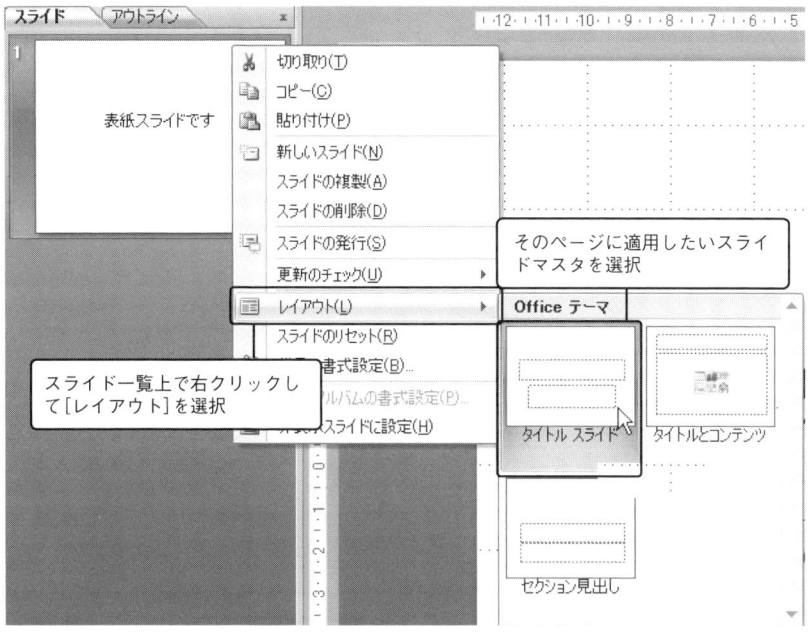

↑図2.37：各ページにスライドマスタを適用

2.3.2　フッターの用意

スライドのフッター領域には、「ページ番号」「印刷日時」「コピーライト表記」「機密性表記」を掲載するのが一般的です。会社や部署の慣習／文化によって細かい違いはあるかもしれませんが、**図2.38**のような内容を記します。

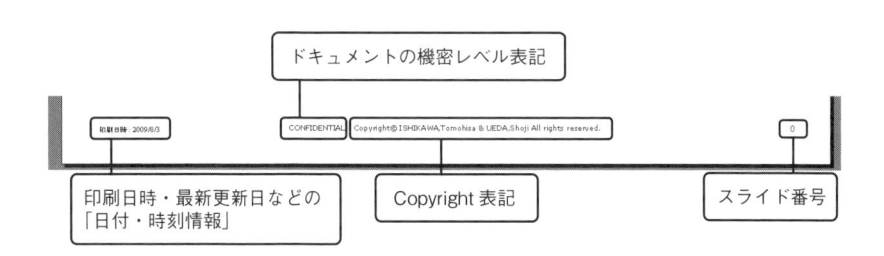

↑図2.38：フッター領域に表示する情報の例

フッター領域の作成（2003の場合）

　フッター領域の編集は、スライドマスタ編集画面で行います。フッター用の項目には「日付」[*7]「スライド番号」「フッター」の3種類が用意されています。デフォルトでは「すべて表示する」ようになっていますが、消してしまった場合はスライド一覧上で右クリックして［マスタのレイアウト］を選択、表示される［マスタのレイアウト］ダイアログでチェックを入れることで再表示されます。この設定は、スライドマスタごとにフッター項目の数と位置を決めるだけで、実際のスライドにはまだフッターが表示されません。表示の設定には、［表示］メニュー→［ヘッダーとフッター］で［ヘッダーとフッター］ダイアログを表示し、「スライドにフッターを表示する」ことを明示的に指示する必要があります（**図2.39**）。フッターを表示したくないスライドがある場合は、そのスライドをスライド一覧で選択した上で同ダイアログの［適用］ボタン（［すべてに適用］ボタンではなく）を押せばよいでしょう。

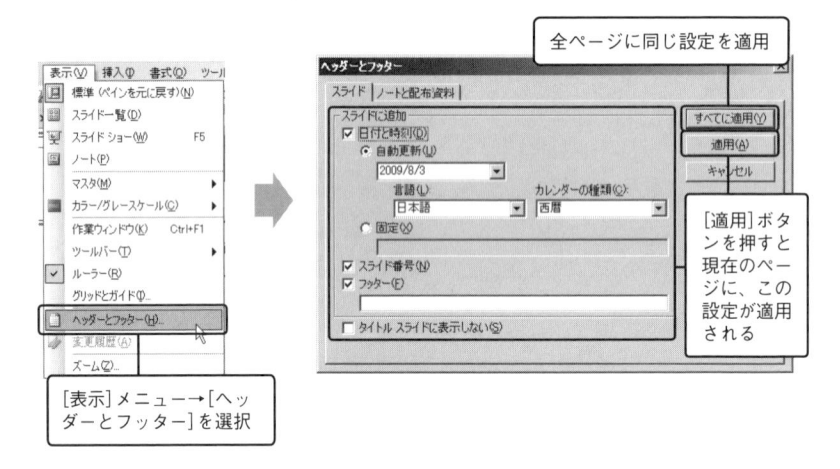

↑ 図2.39：フッター領域の表示／非表示設定（2003の場合）

[*7] 日付のフッター項目は、そのまま表示しても何の日付かわかりませんので「印刷日時」という固定文字を明示的に記しておきましょう。

フッター領域の作成（2007の場合）

2007でも2003と同様の設定を行うことはできますが、2007では各スライドの編集時にフッター領域を編集できるため、「何かの拍子にフッター領域を消してしまった」などのミスが起こりやすいと予想されます。このため2007では、フッター領域を使わずにあえてスライドマスタ上に「単なるテキストボックス」として、「ページ番号」「印刷日時」「フッター」を挿入しておくのが妥当でしょう（**図2.40**）。

ただし「単なるテキストボックス」を置く方法では、2003で設定したような「特定のスライドに限りフッターを非表示にする」ことは行えません。そもそも「フッターを表示したくない」スライドなどごく稀なことですので、実害はないのですが、2007の仕様はナンセンスだと言わざるを得ません。

なお、後に解説する「ノートマスタ」や「配布資料マスタ」にも、フッター領域を表示させることが可能です。これらにも、フッターを表示しておくのが一般的ですので、［ヘッダーとフッター］ダイアログの［ノートと配布資料］タブで、フッター領域を表示するように設定しておきましょう。

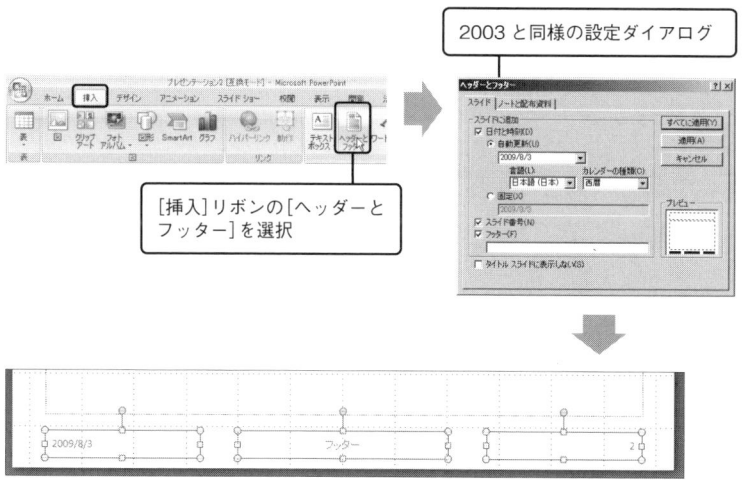

［挿入］リボンの［ヘッダーとフッター］を選択

2003と同様の設定ダイアログ

2007では各スライドごとにフッター領域を編集できてしまうため、「フッター領域」を使わない方がよい

↑ **図2.40：フッター領域の表示／非表示設定（2007の場合）**

2.3.3　背景は「白無地」が鉄則

　硬派なパワポ流では、背景画像や背景色を使用せずに、「白無地」の設定を使用するのが鉄則です。例えば背景画像があると、スライドに図を描いたときに、背景の線と自分で書いた図形の線が混ざってしまい、訳がわからなくなってしまうことがあるでしょう。また、背景色を使用していると、「強調したい部分」を塗りつぶしたにも関わらず、背景がそもそも塗りつぶされているため、強調しているように見えなくなってしまうこともあります[*8]。

　このような問題を起こさないためにも、「背景は白無地」に設定すべきです。ただ、慣習的に白無地の背景を使用するのではなく、「白無地を適用するのにはこのような意図があるためだ」と意識するようにしましょう。

2.3.4　本文のプレースホルダは可能な限り広く

　再三申し上げているとおり、硬派なパワポ流の資料は「そのページで言いたいこと」を明確にさせるのが鉄則であり、1ページの編集領域を「なるべく広くしておく」ことが重要です。この思想に則って、「本文」のスライドマスタのコンテンツ領域はできるだけ広く確保するように設定しましょう。

　前述の「ページ設定」で、「用紙サイズ」を「A4」に設定しておきましたが、このサイズ（横27.51cm×縦19.05cm）は、実際のA4用紙サイズ（横297mm×縦210mm）よりも狭く設定されています。つまり、編集領域をぎりぎりまで使い切っても、印刷時に内容が欠けてしまうことはありません。よって、「コンテンツ」のプレースホルダを、編集領域ぎりぎりまで広くしておきます（**図2.41**）。

[*8]　これらの問題は、特に白黒印刷／グレースケール表示時に顕著に表れます。

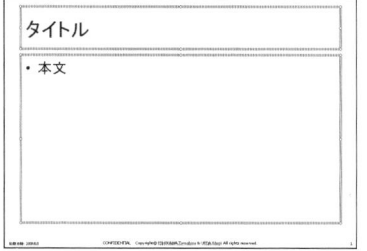

↑ 図2.41：プレースホルダは可能な限り広く

2.3.5　フォントサイズは小さめに

　せっかく本文の編集領域を広く設定したのですから、フォントサイズにも気を配りましょう。デフォルトの巨大なフォントサイズのままでは、十分な内容を書き記すことができません。

　スライドマスタのフォントサイズは、タイトル部を20ptに、コンテンツ部はインデントレベル1～5から順に14pt、12pt、10pt、9pt、8ptとそれぞれ設定します（**図2.42**）。プロジェクタにスライドショーを映す際の一般的な解像度である1024×768においても「文字が潰れずに目視できる」フォントサイズは8pt程度です。一番小さいインデントレベル5のフォントサイズを8ptとしているのは、このためです。

　スライドマスタに設定したフォントサイズは、新しいスライドを挿入したときのフォントサイズであると同時に、貼り付け操作に標準で適用される「マスタの設定」でもあります。スライドマスタのフォントサイズを巨大なままにしておいても、スライドごとにフォントサイズを変更すれば不都合はありません。しかし、「新規スライド挿入時」や「貼り付け操作時」に不便なだけですので、スライドマスタで適切なサイズに変更しておく方が賢明でしょう。

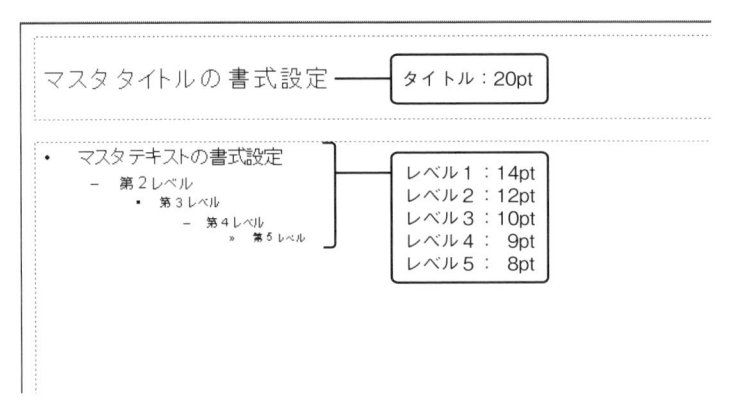

```
マスタ タイトルの 書式設定 ─── タイトル：20pt

• マスタテキストの書式設定 ┐  レベル1： 14pt
    – 第2レベル            │  レベル2： 12pt
        • 第3レベル         ├  レベル3： 10pt
            – 第4レベル     │  レベル4：  9pt
                » 第5レベル ┘  レベル5：  8pt
```

↑ **図2.42：フォントサイズの設定**

2.3.6　無駄な余白を作らないインデント／行間の設定

　編集領域を広く使うための仕上げとして、余白についても設定を施しましょう。余白設定に関連する項目は「インデント」と「行間」の2点です。

　インデントは、スライドマスタ編集画面の水平ルーラを使うことで設定できます。ルーラの三角記号をドラッグ＆ドロップすることで、インデント幅を2.5mm刻みに調整できます。コンテンツ部レベル1だけは、フォントサイズを14ptに設定していることもあり、見栄えの観点で「箇条書き記号」から「テキストの開始位置」の幅を7.5mm確保しておく必要がありますが、レベル2〜5では5mm確保しておけば十分でしょう。また、レベルが下がったときの「箇条書き記号」の位置をなるべく左に設定しておくことがポイントです（**図2.43**）。

　行間の設定は、2003と2007で微妙な仕様の違いがありますのでそれぞれ解説していきましょう。

　2003の行間は、［書式］メニュー→［行間］から設定します。デフォルトでは0.2行の行間が確保されていますが、「0.2行の行間」は意外に広いですので0.05〜0.1行程度の行間を確保しておけばよいでしょう（**図2.44**）。

2.3 "硬派なスライドマスタ"を作ろう

　2007の行間設定は、[ホーム]リボンの[行間]ボタンで行います。2003よりも多少きめ細かく設定できるようになっていますが、設定するべきポイントは2003と変わりません。段落前／段落後の間隔を「2pt」程度に、行間を「1行」に設定しておけば、先の2003での設定と内容的には同義になります。

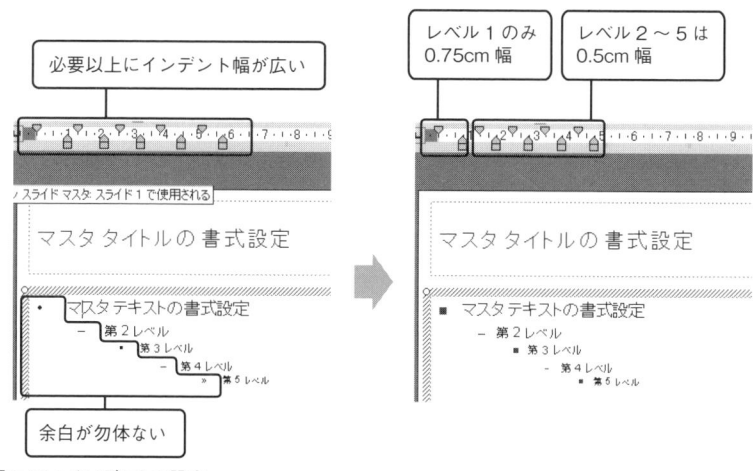

↑図2.43：インデントの設定

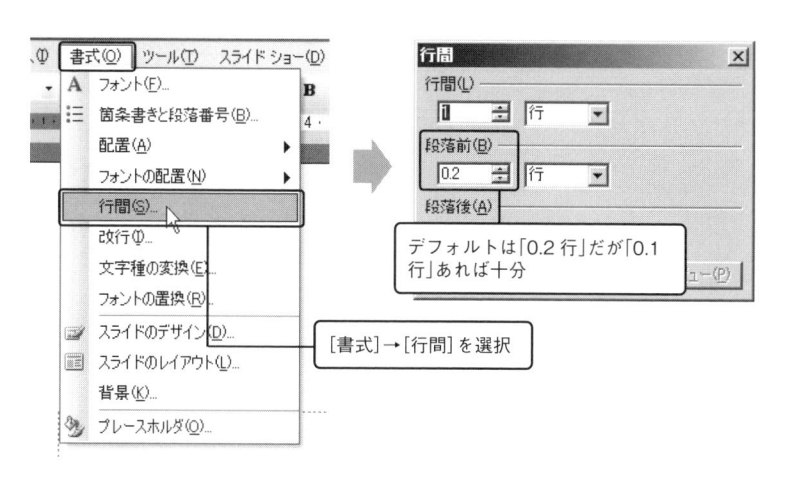

↑図2.44：行間の設定

2.3.7 簡単な装飾を施す

スライドマスタの作成も、いよいよ終盤です。最後に、「本文」「表紙」「中表紙」の各スライドマスタに、最低限の装飾を施すことにしましょう。装飾は好みやデザインセンスでしかないのですが、筆者は「タイトル部とコンテンツ部の間に適切な境界線を引く」のと、「会社のロゴなどをスライドマスタに貼り付けておく」ことが、最低限の装飾であると考えます（**図2.45**）。

なお、**図2.45**には、「本文」スライドマスタにもロゴを記載していますが、余分な要素は一切合切そぎ落としたい場合は、本文のスライドマスタからロゴを削除してもよいでしょう。

表紙のスライドマスタ

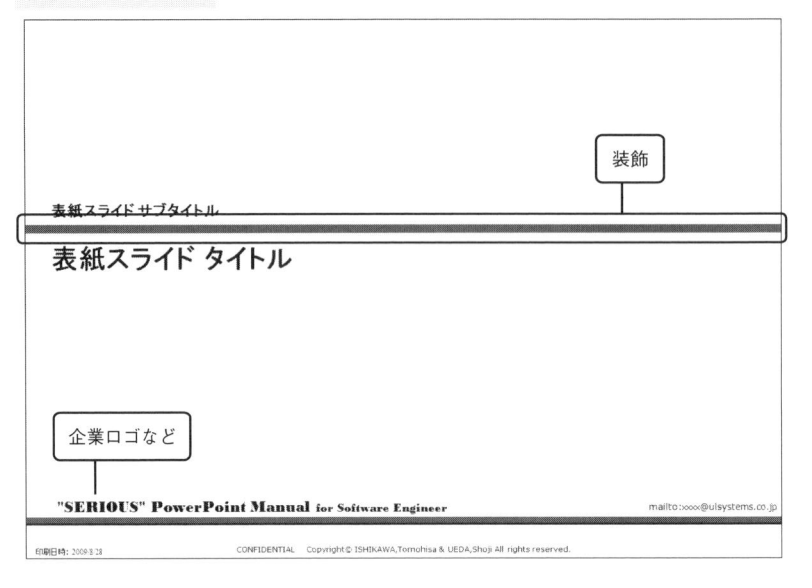

2.3 "硬派なスライドマスタ"を作ろう

本文のスライドマスタ

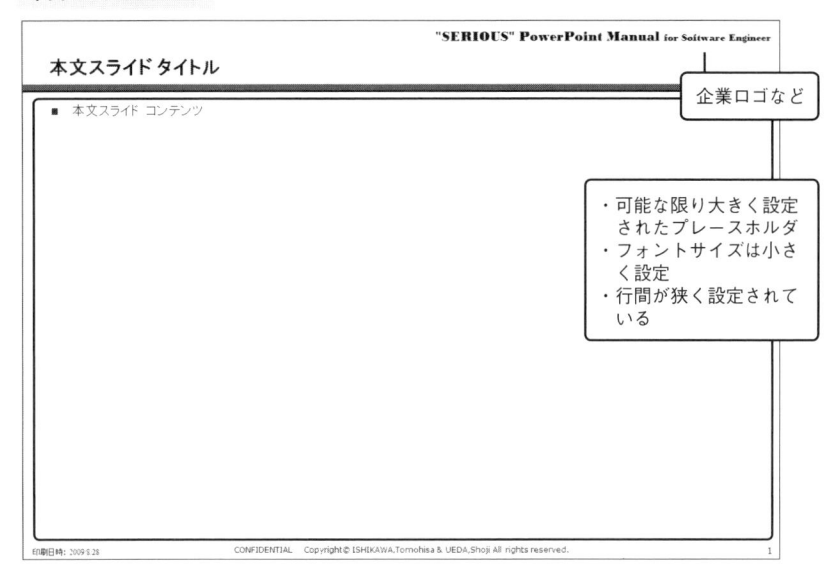

本文スライド タイトル

"SERIOUS" PowerPoint Manual for Software Engineer

- 本文スライド コンテンツ

企業ロゴなど

・可能な限り大きく設定されたプレースホルダ
・フォントサイズは小さく設定
・行間が狭く設定されている

中表紙のスライドマスタ

企業ロゴなど

"SERIOUS" PowerPoint Manual for Software Engineer

中表紙スライド タイトル

- 中表紙スライド コンテンツ

↑ 図2.45：スライドマスタの完成

2.3 "硬派なスライドマスタ"を作ろう

* * *

　ここまでに解説したスライドマスタの設定を、すべて反映したファイルは、本書のサポートページからダウンロードできるようにしていますので、ぜひご活用ください（http://www.seshop.com/book/download/）。

　ただし、本章の内容を読まずに「ダウンロードして使うだけ」では、このファイルの有効性を理解しにくいと思いますので、くれぐれも本章を読み「なぜこのように設定するか」を理解したうえで、ご活用いただければ幸いです。

第3章
硬派なパワポのための機能解説

硬派なPowerPoint資料では、限られた1ページのスペースに文章・図・表をうまく活用して伝えたいことをすべて記す必要があります。本章では、硬派なPowerPoint資料を作成するために知っておくべき機能の特徴と、その機能を利用する際のテクニックを紹介します。

3.1　テキスト編集に関する機能

　エンジニアが作成する資料では、さまざまな文章を書く必要があります。PowerPointでも、プレースホルダ／テキストボックス／表などのオブジェクトに文章を書きますが、見栄えのよい文章を書くためのテクニックが存在します。
　具体的には「箇条書きと段落番号」「余白の調整」「タブ位置の調整」「プレースホルダとテキストボックスの違い」について紹介していきましょう。

3.1.1　「箇条書き」と「段落番号」

　PowerPointで作成する文章の見栄えをよくするためには、まず、箇条書きと段落番号を使いこなす必要があります。

箇条書き

　「文字の入力」だけでインデントの揃った箇条書きを作成するのは非常に手間がかかります。フォントの種類によっては先頭文字が揃わずに文章がガタガタになってしまうこともあるでしょう。
　PowerPointの「箇条書き」機能を利用すると、複数行に渡る文章でもすべての行で先頭文字の位置が揃います（**図3.1**）。箇条書きで改行すると、いちいち「箇条書き記号」が付いてしまうため、これを嫌って箇条書き機能を使わない方もいるかと思います。しかし、この場合も［Shift］＋［Enter］キーで改行すれば、新たな箇条書き記号を付けずに複数行に渡る文章を記載できます。もちろん先頭文字の位置は揃ったままです（**図3.2**）。
　箇条書き機能は、設定したい文章を選択して、右クリックメニューから［箇条書きと段落番号］を選択します。なお、［箇条書きと段落番号］ダイアログで用意されている箇条書き記号は、「Wingdings」のような記号用フォントもあるため、この文章をテキストエディタなどへコピー&ペーストする場合は、記号用フォントが文字化けしてしまいますので気をつけましょう。

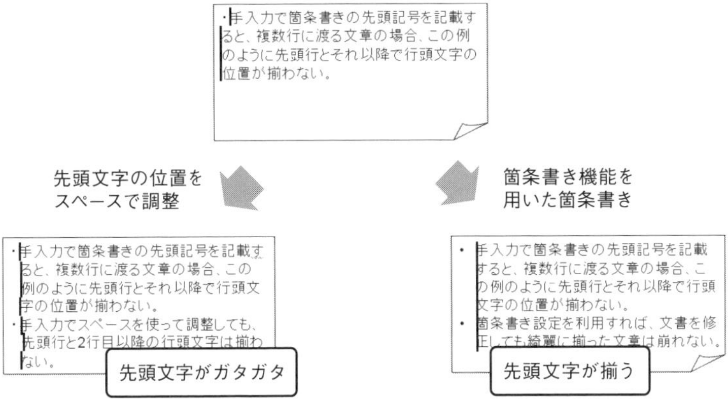

3.1 テキスト編集に関する機能

↑ 図3.1：手入力の箇条書きと「箇条書き」機能の比較

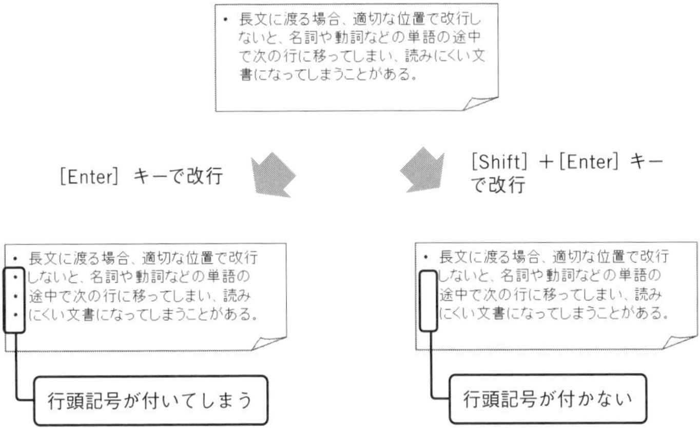

↑ 図3.2：[Enter]キーでの改行と[Shift]＋[Enter]キーでの改行

段落番号

「段落番号」とは、文章の先頭に振る連番のことで、PowerPointでは前述の箇条書き同様、自動的に連番を振ってくれる機能があります。この機能は便利なのですが、文章とのインデント幅が少し広すぎるという難点があります。

そのため、箇条書き機能で記載した文章を段落番号に変更すると、見た目が大きく変わるという現象が起こってしまいます（**図3.3**）。

こんなときは、水平ルーラを使ってインデント位置を調整すれば元の箇条書

3.1 テキスト編集に関する機能

き文章に近い状態にすることができます（図3.4）。

このほかにも、先頭記号に番号を使う場合（段落番号）は、注意すべきポイントがいくつかあります。

まず「段落番号のインデント幅」は、段落番号の設定を変更するたびにデフォルトの状態に戻ってしまいます。例えば、段落番号を「1,2,3…」から「Ⅰ,Ⅱ,Ⅲ…」に変更すると、元の広いインデント幅に戻ってしまいますし、段落番号の一部をネストすると、ネストした文章のインデント幅は広くなってしまいます。

開始位置（開始番号）によって自動的に番号が採番される点にも注意が必要です。段落番号のみで利用している分には便利なのですが、段落番号で記載した文章の途中に「箇条書き」やそれ以外の文章を挟むと、その後の番号が「1」に戻ってしまいます。また、複数のページやオブジェクトに渡って連番を振りたい場合には対応できませんので、ページごとに開始位置を調整してください。

筆者は、段落番号の種類やネスト位置などを変更するたびにインデント幅が広い状態に戻ってしまう点を煩わしく感じているため、段落番号に限ってはこの機能を使わずに、手動で設定することが多いです[※1]。

なお、2007では段落番号のインデント幅が改善されており、気にならないレベルになっていますので、開始番号からの自動採番が気にならなければ、段落番号機能を利用してもよいでしょう。

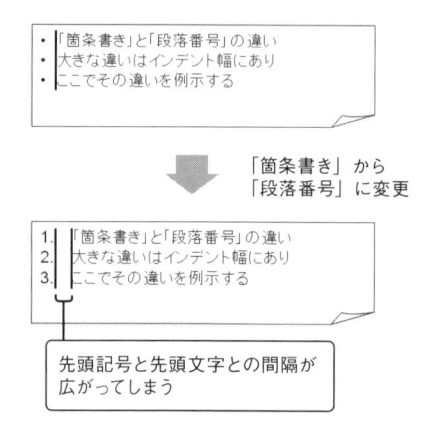

↑ 図3.3：[箇条書き] と [段落番号] のインデント幅の違い

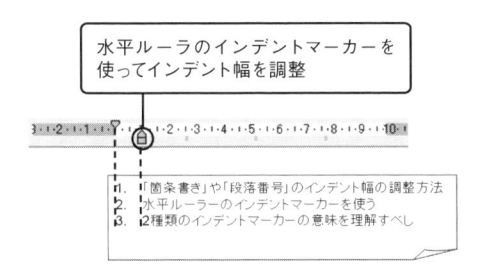

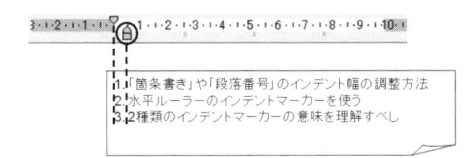

↑ 図3.4：水平ルーラでのインデント幅の調整方法

3.1.2　余白の調整

　小さな四角形に文字を入力すると、左寄せのつもりが右寄せのようになってしまい、四角形の左端に文字を配置できないことがあります。これは、四角形の罫線と文字との間にある「余白」が原因です（**図3.5**）。余白を調整して、意図した位置に文字を配置できるようにしましょう。余白は、［書式設定］ダイアログ[*2]の［テキストボックス］タブで設定します（**図3.6**）。

　余白は、表でも罫線と文字の間にあり、同じように調整することができます。

---

*1　もちろん、複数行に至った場合や段落番号が二桁に至った場合の先頭文字の位置は揃えられなくなりますので、そうならない場合に限っての対応ですが……。

*2　［書式設定］ダイアログは、ダブルクリックでも開くことができますが、2007ではダブルクリックで開けなくなってしまいました。2003での操作に慣れている方にとっては使いにくく感じるかもしれません。

3.1 テキスト編集に関する機能

左寄せ
罫線と文字の間にある「余白」が影響して、左に文字が寄らない

右寄せ
「右寄せ」に設定した方が、文字は左に寄ることもある

↑ **図3.5：四角形の余白と文字寄せ**

左寄せ
調整前（左：0.25cm）

↓

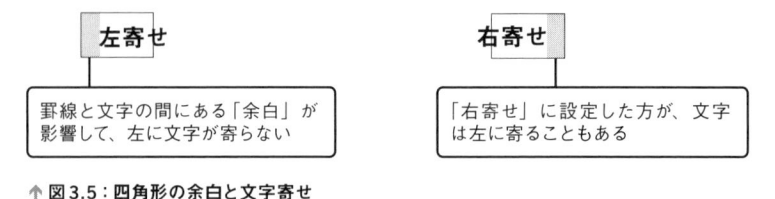

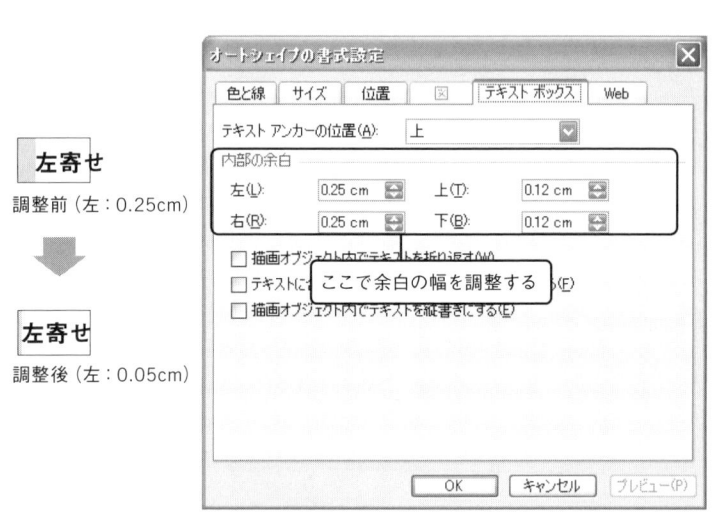

左寄せ
調整後（左：0.05cm）

ここで余白の幅を調整する

↑ **図3.6：書式設定ダイアログの余白設定**

3.1.3 タブ位置の調整

タブ文字のネスト幅は、デフォルトの設定のままでは大きすぎて使いにくいため、あらかじめ調整しておきましょう（**図3.7**）。

タブ位置には、テキストの記載範囲を等間隔に区切った「既定のタブ位置」と、等間隔の幅とは別に任意に設定する「新しいタブ位置」の2種類があり、それぞれ水平ルーラで位置を調整することができます。

なお、この設定は2003まではオブジェクト全体に適用されていたのですが、2007では行ごとの適用に変更されています。例えば、テキストボックスで設定を変更して改行すると、次の行も同じ設定が適用されますが、これはあくまでも設定がコピーされているだけです。この2行のタブ位置を変更するために

は、それぞれの行で設定変更する必要があります（**図3.8**）。2007で設定する場合は、この点に注意しましょう。

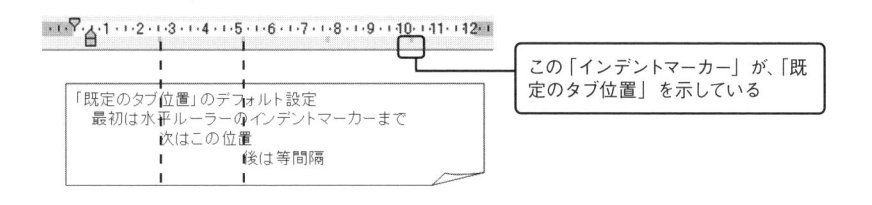

↑ 図3.7：タブ位置のデフォルト設定

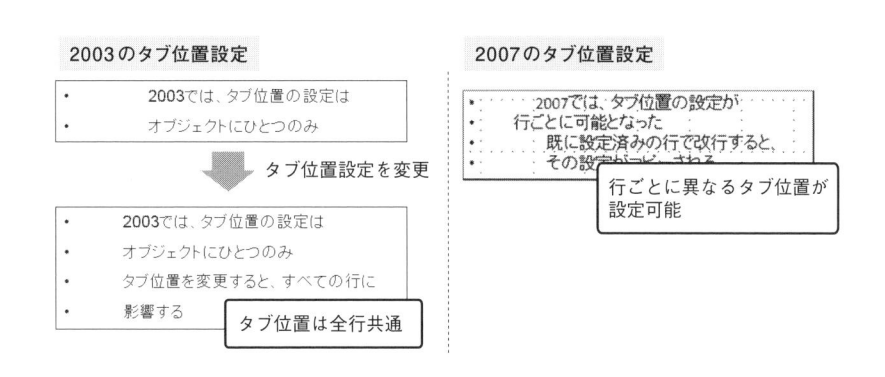

↑ 図3.8：タブ位置設定の2003と2007の違い

既定のタブ位置

　既定のタブ位置は、テキストを編集できる状態で、水平ルーラに表示されている灰色のマーカーをドラッグ＆ドロップすることで変更できます。（**図3.9**）。

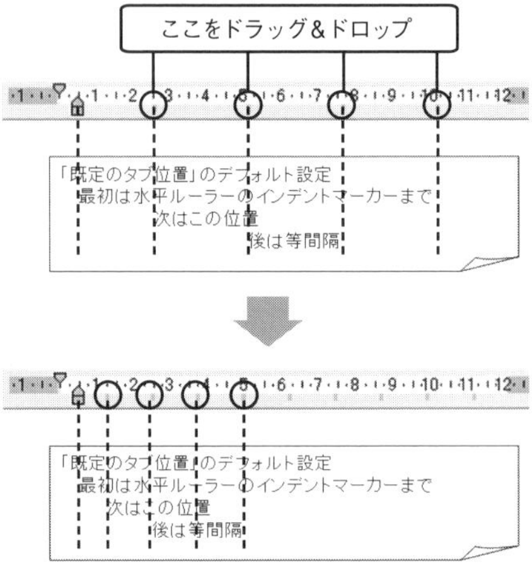

3.1 テキスト編集に関する機能

↑図3.9：既定のタブ位置の調整方法

新しいタブ位置

　新しいタブ位置には「左揃え」「右揃え」「中央揃え」「小数点揃え」の4種類があり、水平ルーラの左端にある［タブ］ボタンを押すと種類が切り替わります（**図3.10**）。

　新しいタブ位置を追加するには水平ルーラ上をクリックし、削除するには追加したタブ位置をルーラの外へドラッグ＆ドロップします（**図3.11**）。

⌞	左揃え	文字列の先頭文字の左端をマーカーの位置に揃える
⊥	中央揃え	文字列の中央をマーカーの位置に揃える
⌐	右揃え	文字列の末尾の文字の右端をマーカーの位置に揃える
⊥.	小数点揃え	文字列に含まれる小数点をマーカーの位置に揃える

↑図3.10：［タブ］ボタンで選択できるタブ文字

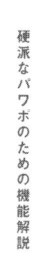

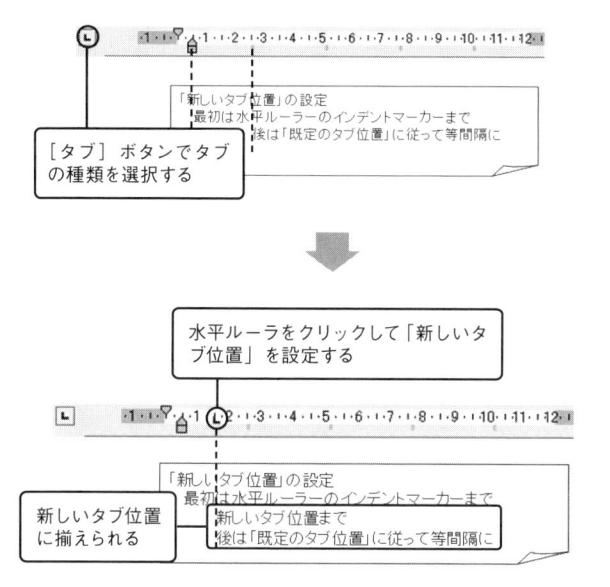

↑ **図3.11：新しいタブ位置の調整方法**

3.1.4　プレースホルダとテキストボックスの違い

　PowerPointのスライドは、タイトル、本文、本文を補完する図や表で構成されるのが一般的です。スライドにはデフォルトで、タイトルと本文を記載するプレースホルダが配置されていますが、このプレースホルダにはテキストボックスにはない特殊な機能が備わっていますので、その特徴を掴んでうまく活用しましょう。

アウトラインへの表示

　タイトルおよび本文のプレースホルダに書いた文章はアウトラインに表示されます。多くのページで構成される資料の場合でも、アウトラインを見るだけでタイトル／本文が把握できるため、資料の流れがひと目でわかります。

インデントレベルに応じたフォントサイズ

プレースホルダーでは、文章のインデントレベルによって自動的にフォントサイズを調整してくれます（**図3.12**）。

また、プレースホルダーをコピーして作成したオブジェクトにも、インデントレベルによるフォントサイズの自動調整機能は有効になります[*3]。

プレースホルダの場合

- レベル1: 14pt
  - レベル2: 12pt
    - レベル3: 10pt
      - レベル4: 9pt
        - レベル5: 8pt

インデントレベルによってフォントサイズが自動調整される

テキストボックスの場合

- レベル1: 14pt
  - レベル2: 14pt
    - レベル3: 14pt
      - レベル4: 14pt
        - レベル5: 14pt

インデントレベルを変えてもフォントサイズは調整されない

↑図3.12：プレースホルダとテキストボックスの違い

[*3] コピー後のオブジェクトの文章はアウトラインに表示されません。また、スライドマスタでフォントサイズなどを変更しても反映されませんので、注意してください。

3.2　オートシェイプによる図の作成

　PowerPointでは図を描く機会が多いため、オートシェイプを使いこなすことはとても重要です[*4]。PowerPointで準備されているオートシェイプのなかには、そのまま利用すると見栄えが悪くなったり、意図した表現がしにくくなることがあります。

　ここでは、特に注意して使いこなす必要がある「吹き出し」「コネクタ」と、覚えておくと便利な機能である「オートシェイプの既定値」「オートシェイプの変更」を紹介します。

3.2.1　標準の吹き出しは見栄えが悪い

　資料中で強調したい箇所を、「吹き出し」で示したい場合があります。PowerPointでも、標準で吹き出し型のオートシェイプが用意されていますが、入り組んだ図を描くときに吹き出しが邪魔になったり、見栄えが悪くなったりすることがあります。本節では、標準の吹き出しオートシェイプの使いにくさを解説し、その代替策である「自作吹き出し」を紹介します。標準の吹き出しオートシェイプに使いにくさを感じたときは、ぜひ「自作吹き出し」を試してみてください。

使いにくさ1：吹き出し口が大きい

　標準の吹き出しオートシェイプは、吹き出し口のサイズが大きく、見栄えがよいものではありません。吹き出し口の大きさは、オートシェイプ本体の幅・高さに比例するため、「横幅の広い吹き出し」などでは非常に見栄えが悪くなってしまいます（図3.13）。

[*4]　ただし、硬派なパワポ流では「何でもかんでも図を描く」ことを推奨していません。文章だけでは理解しにくい事柄の「補完」として図を書くように心掛けましょう。

3.2 オートシェイプによる図の作成

吹き出しの構造

- 吹き出し部
- ポイント先
- 吹き出し口（吹き出し本体の幅の4分の1）
- 吹き出し本体

見栄えの悪い吹き出し口の例

吹き出し本体の幅が広い場合、吹き出し部が太く見栄えが悪くなる

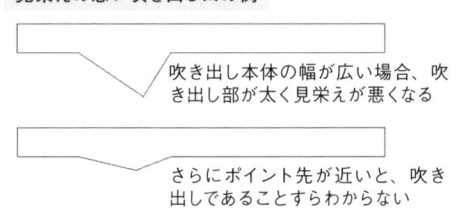

さらにポイント先が近いと、吹き出しであることすらわからない

↑ 図3.13：吹き出し口が大きくて見栄えが悪い

使いにくさ2：吹き出し口の位置が自動調整される

　吹き出しが指すポイントの位置によって、吹き出し口の位置が自動的に変わります。具体的には、オートシェイプの中心より左を指すときは左側が、右を指すときは右側が吹き出し口になります。この挙動に加えて先ほどの「吹き出し部の大きさ」が相まって、吹き出し部が背後を隠してしまい、しばしばストレスを感じることがあります。（**図3.14**）。

吹き出し口位置の自動調整

― 吹き出し本体の中心

吹き出し本体の中心を基準に、ポイント先の位置にしたがって吹き出し口の位置が自動調整される

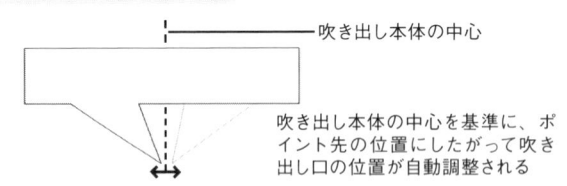

吹き出し口位置の自動調整が煩わしい例

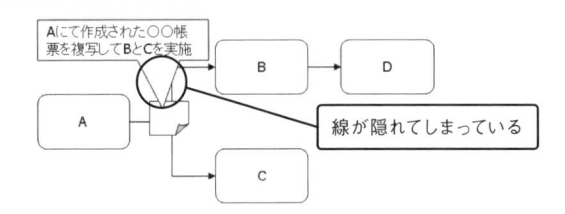

Aにて作成された○○帳票を複写してBとCを実施

線が隠れてしまっている

↑ 図3.14：吹き出し口位置の自動調整

使いにくさ3：ポイント先がひとつだけ

　標準の吹き出しオートシェイプには、ポイント先をひとつしか作ることができま

せんが、しばしば複数のポイント先を作りたいことがあります。その場合、大概は「ポイント先の数だけ吹き出しを重ねる」ことで対処しますが、これは見栄えのよいものではありません（**図3.15**）。

同じ吹き出し口からポイントする　　　異なる吹き出し口からポイントする

どちらも見栄えが悪い

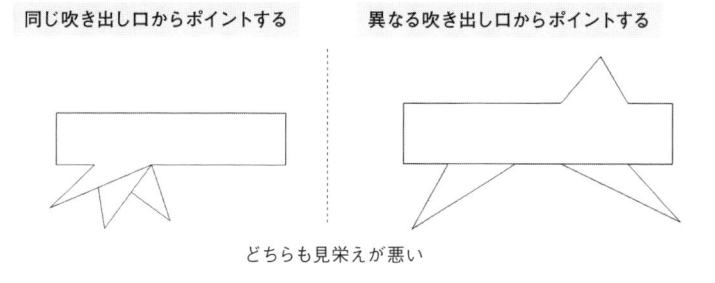

↑ 図3.15：吹き出しから複数のポイント先を指す例

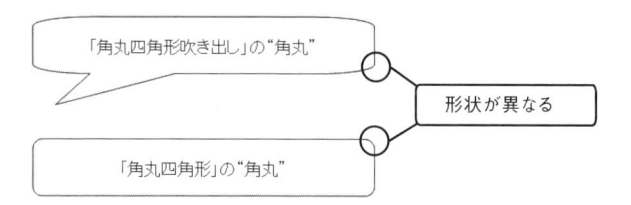

使いにくさ4：角丸四角形吹き出しは見栄えが悪い

　角丸四角形吹き出しオートシェイプは、角丸四角形オートシェイプと形状が異なり[*5]、横長で見栄えがよくありません。この見栄えの判断は好みがあるかと思いますが、同じスライド内に角丸四角形吹き出しと角丸四角形が混在する場合、統一感がなくなってしまいます（**図3.16**）。

「角丸四角形吹き出し」の"角丸"

形状が異なる

「角丸四角形」の"角丸"

↑ 図3.16：角丸四角形吹き出しは見栄えが悪い

「自作吹き出し」の作り方

　ここまでに挙げた4つの「使いにくさ」解決する自作吹き出しは、四角形と

[*5] 2007では、角丸四角形吹き出しの"角丸"と角丸四角形の"角丸"の形が統一されていますので、この問題は解消しています。

3.2 オートシェイプによる図の作成

フリーフォームを組み合わせて作成します。

まずは、四角形で吹き出し本体を作成します。そこにフリーフォームを使って2本の直線を引き、吹き出し部を作成します。後は、吹き出し本体と吹き出し部の書式（背景色／線の種類／太さ／色）を合わせて、吹き出し部の位置を微調整すれば完成です（**図3.17**）。

吹き出しが指すポイント先を調整するときは、右クリックメニューから［頂点の編集］を利用します（**図3.18**）。また、吹き出し口を複数作成する場合は、このフリーフォームによる吹き出し口を増やせばよいだけです。ただし、同じ位置から複数のポイントを指す場合、吹き出し口を同じ位置に重ねてしまうと、見栄えの悪さは解決しませんので、吹き出し口が重ならないように注意しましょう。

なお、2007ではフリーフォームに文字列を書き込めるようになりました。2003ではフリーフォームの中に文字列を書き込むことができなかったため、四角形とフリーフォームを組み合わせて自作吹き出しを作る必要がありましたが、2007ではフリーフォームだけで吹き出しを作成してもよいでしょう。

STEP1		四角形で「吹き出し本体」を作成
STEP2		フリーフォームで「吹き出し部」を作成
STEP3		「吹き出し本体」と「吹き出し部」の書式を合わせて完成

↑図3.17：自作吹き出しの作成手順

STEP1		吹き出し部を選択し、右クリックメニューから［頂点の編集］を選択
STEP2		編集可能になった頂点を調整

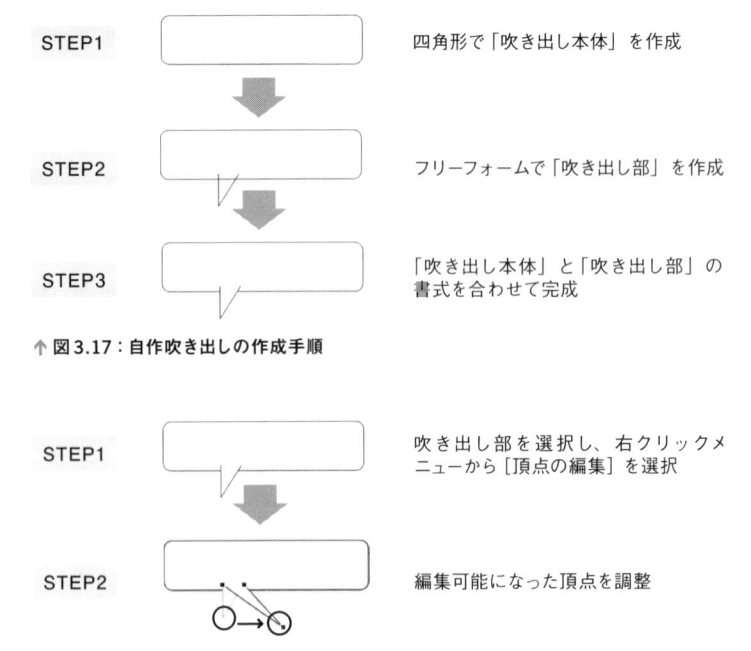

↑図3.18：吹き出しのポイント先の調整方法

ほかの形状の吹き出し自作例

四角形以外の吹き出しについても、やはり使いにくい点があるため、ここでは線吹き出し[*6]の自作方法についても紹介しておきましょう（**図3.19**）。

STEP1		四角形で「吹き出し本体」を作成
STEP2		直線で強調線を追加
STEP3		フリーフォームで吹き出し線を作成して強調線吹き出しの完成

「頂点の編集」でポイント先を調整できる

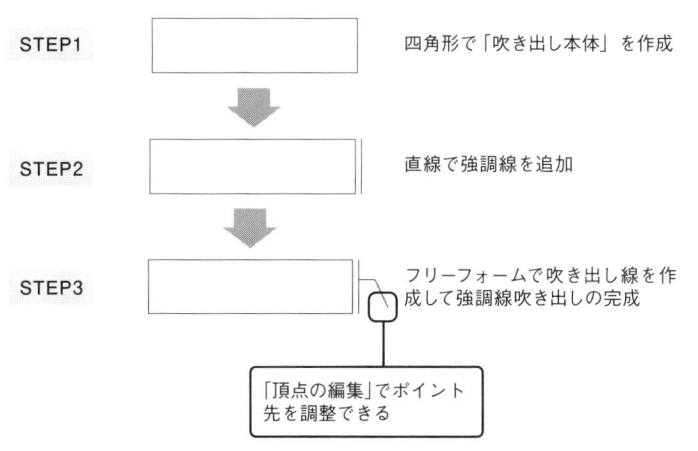

↑ **図3.19：自作「強調線吹き出し」の作成方法**

3.2.2　コネクタの活用

オートシェイプの間を繋ぐコネクタは、PowerPointの作図において重要な役割を担っています。ただし、関係するオートシェイプの数が増えてくると見た目が悪くなってしまうことも多く、オートシェイプが増えてしまった後からの編集は大掛かりな作業になりがちです。

筆者はこれを避けるために、いくつかのテクニックを使ってコネクタを利用しています。ここでは、コネクタの問題点と、それを避けるための解決方法を解説します。

透明オブジェクトに接続する

コネクタをオートシェイプにつなげる際、接続ポイントが一箇所に集中して

※6　2007では、線吹き出しの使い勝手が格段によくなっているため、自作の必要はないでしょう。

3.2 オートシェイプによる図の作成

しまい、図が見にくくなることがあります。例えば、四角形のひとつの辺に複数の矢印コネクタを接続する場合、辺の中央にしか接続ポイントがないため、すべての矢印コネクタが集中してしまい、肝心の矢印の先端部分がよくわからない状態になってしまいます。これを解決するために、透明なオブジェクトを別途作成して"見た目上"の接続ポイントを増やすことで対応します[*7]（**図3.20**）。

透明オブジェクトの作り方は簡単です。1グリッド四方（縦0.2cm×横0.2cm）の四角形を作成してコネクタとの接続や位置調整を終えたら、背景色を「塗りつぶしなし」、罫線を「線なし」にすれば完成です。完成したらオートシェイプと透明オブジェクトをグループ化するのを忘れないようにしてください。グループ化せずに、うっかりオートシェイプだけを掴んで移動してしまうと、透明オブジェクトとコネクタが置き去りになってしまいます（**図3.21**）。

なお、グループ化以外にも透明オブジェクトを利用する際の注意事項がいくつかありますので併せて紹介しておきます。

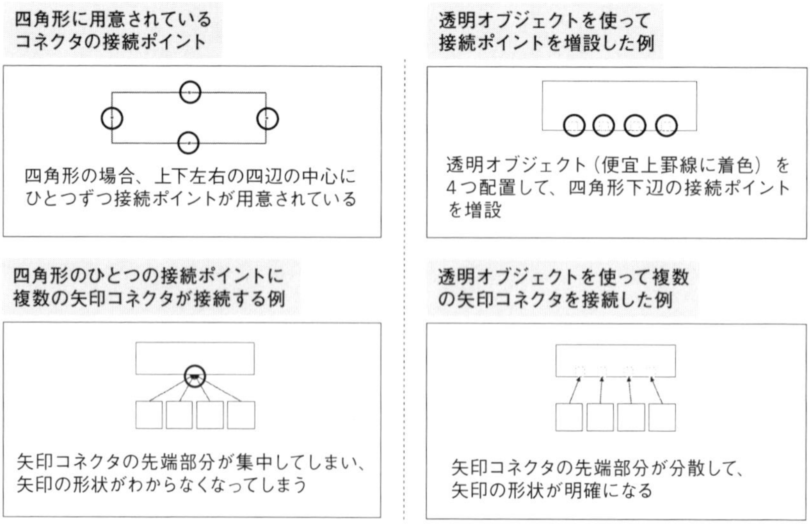

↑ **図3.20**：透明オブジェクトによる接続ポイントの増設例（左はデフォルトの接続ポイント、右が透明オブジェクトによる接続ポイント）

[*7] 矢印コネクタではなくただの矢印を使う方法もありますが、それではオートシェイプを移動するたびに関係するすべての矢印の位置を調整する必要があり、手間が掛かりますのでお勧めしません。

3.2 オートシェイプによる図の作成

STEP1 小さな四角形で「透明オブジェクト」を作成。この時点では、罫線／背景色ともに着色しておく

着色された「透明オブジェクト」

STEP2 「透明オブジェクト」の位置を調整し、コネクタ接続

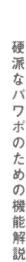

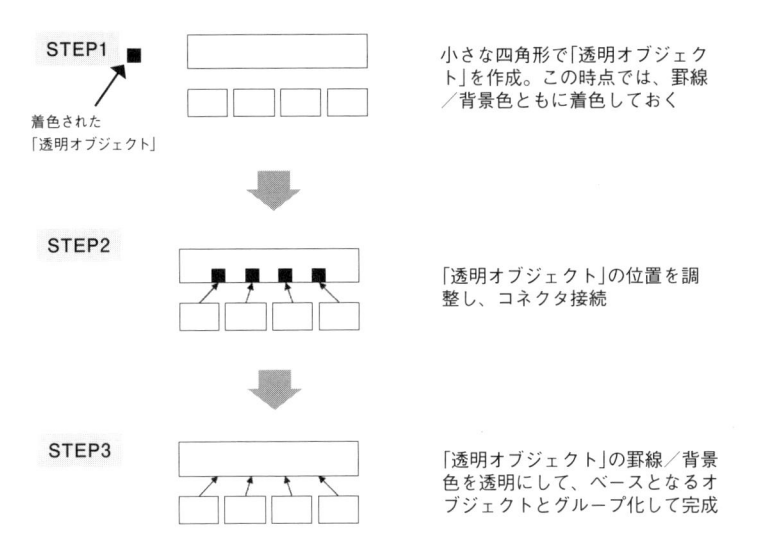

STEP3 「透明オブジェクト」の罫線／背景色を透明にして、ベースとなるオブジェクトとグループ化して完成

↑ 図3.21：透明オブジェクトによる接続ポイントの作成手順

透明オブジェクトには「四角形」を使う

例えば楕円には8つの接続ポイントがあり、サイズを小さくすると、うまく狙ったポイントに接続できなくなってしまい、グリッドを無視した配置調整が必要になります（**図3.22**）。透明オブジェクトにはグリッドに合わせた配置調整を行いやすい四角形を使ってください。

四角形透明オブジェクトの接続ポイントとグリッド

すべての接続ポイントがグリッド上に存在する

楕円透明オブジェクトの接続ポイントとグリッド

楕円の上下左右の頂点以外にある4つの接続ポイントはグリッド上に存在しない

グリッドに沿って配置された四角形にピッタリ接続できない

楕円透明オブジェクト　矢印コネクタ　四角形

↑ 図3.22：四角形透明オブジェクトと楕円透明オブジェクトの比較

役目を果たした透明オブジェクトは必ず削除する

コネクタが不要になったり、透明オブジェクトを含むオートシェイプをコピーしたときなど、透明オブジェクトが不要になることがあります。この透明オブジェクトを放置しておくと、後々そのページを編集する際に、配置されている透明オブジェクトが邪魔になります。透明オブジェクトはその名のとおり「透明」で、配置したその瞬間以降はどこにあるかわからなくなってしまうため、不要になったらすぐに削除するようにしてください。

すべての接続ポイントを透明オブジェクトにするよう徹底する

例えば、四角形があり、辺の中心にコネクタ接続するときは四角形に直接接続し、中心以外に接続するときは透明オブジェクトを使っていると、接続ポイントを少しずらす場合に、辺の中心に接続しているコネクタだけ簡単にはずらせないことになってしまいます。

飛び越し線

PowerPointのコネクタ線は、別のコネクタ線と交差する場合にうまく飛び越しを表現してくれません。

コネクタ線が交差してしまうと、何と何とが繋がっているのかがわからなくなってしまいますし、場当たり的にコネクタの線種を変えて（一方を点線にするなど）何とか繋がりがわかるように表現したつもりでも、資料を見た人からは「点線と実線は何が違うの？」と指摘され、作り直す羽目に合います。

これを解決する場合も、飛び越すポイントに「透明オブジェクト」を配置します（**図3.23**）。

なお、飛び越しを表現するテクニックにはほかにも何通りかの方法がありますが、筆者の長年の経験から、この方法がベストだと断言できます。

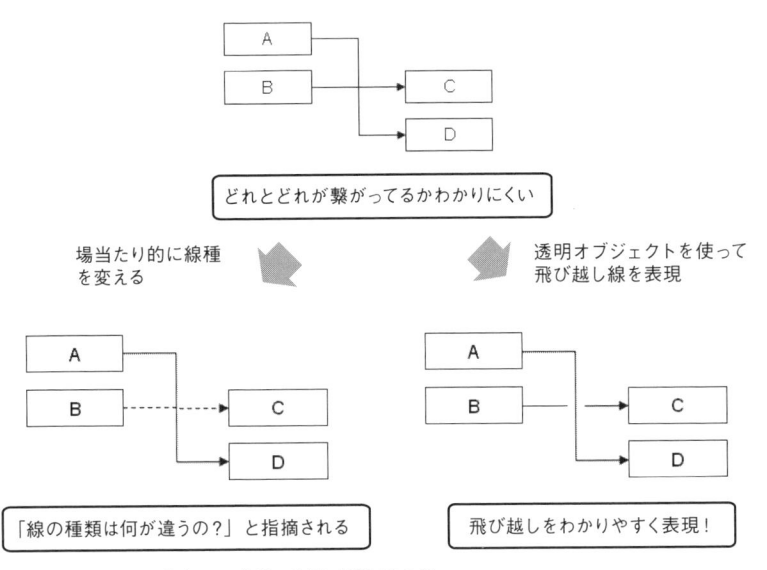

↑ 図3.23：透明オブジェクトを使った飛び越し線の例

コネクタの再接続

コネクタで接続されたオートシェイプの位置を入れ替えると、線がグチャグチャになってしまいます。コネクタの接続ポイントを線一本ずつ変更していては手間と時間が掛かってしまいますので、「コネクタの再接続」機能を使うようにしましょう（**図3.24**）。

前述の「透明オブジェクト」を利用している場合は、透明オブジェクトの位置を移動してからコネクタの再接続を実行してください。

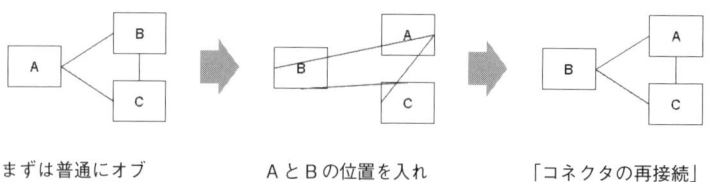

3.2 オートシェイプによる図の作成

↑ 図3.24：コネクタの再接続

まずは普通にオブジェクトを配置し、コネクタで接続する

AとBの位置を入れ替えることで、コネクタがオブジェクトの上に重なってしまう

「コネクタの再接続」によってコネクタをすっきりとさせる

> **2007のコネクタはオブジェクトに接続しにくい**
>
> 　2003では、オブジェクトにコネクタを接続する場合、オブジェクト上にコネクタをドラッグ＆ドロップすれば自動的に最適な位置を判断して接続してくれていました。2007では接続ポイントの真上近くでドロップしないと接続してくれません。そのため、2007でコネクタをオブジェクトに接続するときには、細かな操作が必要になりますので注意してください。

3.2.3 「オートシェイプの変更」は意外と便利

「オートシェイプの変更」という機能は意外と知られていませんが、知っておくととても便利です。

この機能を使わずに、それ相当の操作を行おうとすると非常に手間が掛かります。具体的には以下の手順を経る必要があります（**図3.25**）。

1　新しいオートシェイプを配置
2　テキストを新しいオートシェイプにコピー＆ペースト
3　元のオートシェイプを削除
4　新しいオートシェイプの位置調整

オートシェイプの変更は、ツールバーから［図形の調整］→［オートシェイプの変更］で行えます（**図3.26**）。

3.2 オートシェイプによる図の作成

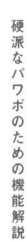

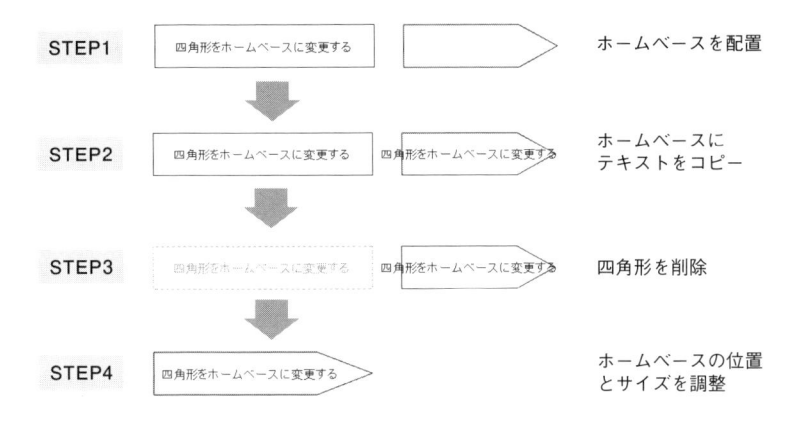

STEP1　四角形をホームベースに変更する　　　　　　　ホームベースを配置

STEP2　四角形をホームベースに変更する　四角形をホームベースに変更する　　ホームベースに
テキストをコピー

STEP3　四角形をホームベースに変更する　四角形をホームベースに変更する　　四角形を削除

STEP4　四角形をホームベースに変更する　　　　　　　ホームベースの位置
とサイズを調整

↑ 図3.25：「オートシェイプの変更」を使わずに形状を変更する手順

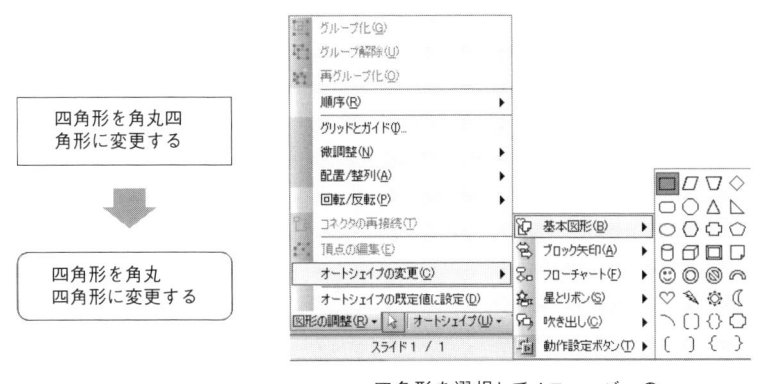

四角形を角丸四
角形に変更する

↓

四角形を角丸
四角形に変更する

四角形を選択してメニューバーの、
[図形の調整] → [オートシェイプの
変更] から角丸四角形を選択する

↑ 図3.26：オートシェイプの変更方法

使ってはいけないオートシェイプ

　PowerPointで準備されているオートシェイプの中には、使い勝手が悪くお勧めできないものもあります。例えば、「フローチャート」にある「磁気ディスク」です。
　おそらくエンジニアにとっては、システム構成のイメージ図やデータフロー図などを作成する際にデータストアのイメージとして使うことが多く、大事なオートシェイプのひとつではないかと思いますが、この「磁気ディスク」は円弧部分を調整できず、オートシェイプを縦長にすると間延びしたセンスの悪い図になってしまうのです。代わりに「基本図形」の「円柱」を使ってください（**図3.27**）。

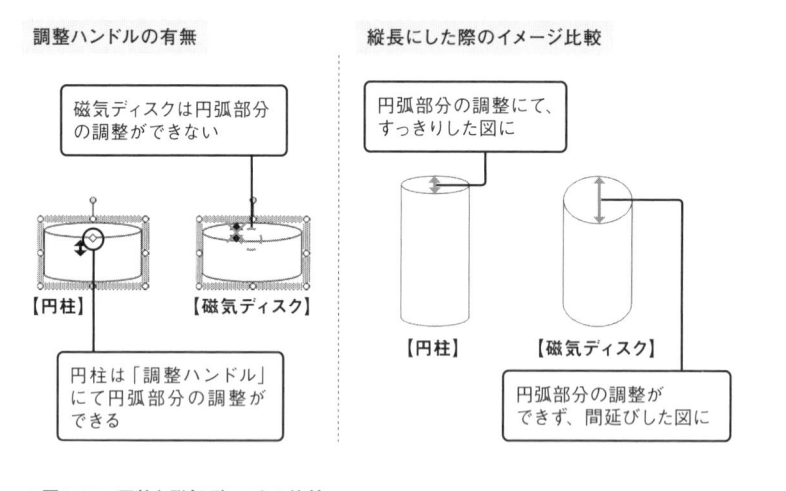

↑ **図3.27：円柱と磁気ディスクの比較**

3.3 オートシェイプ以外の オブジェクトを使った作図

PowerPointで図を作成する場合、オートシェイプだけでは表現力に限界があるため、オートシェイプ以外のオブジェクトを利用することがあります。ここでは、特に使用頻度の高いオブジェクトとして「組織図」「クリップアート」「画像」を利用するときのテクニックを紹介します。

3.3.1 組織図（図表）を使いこなそう！

PowerPointにはよく使う表現をまとめた「図表」が用意されています。ドーナツ型、放射線型、ピラミッド型などいろいろな形式が用意されていて、これらはオブジェクトを自動的にバランスよく配置してくれますので、簡単にバランスのよい図を仕上げることができます[*8]。

エンジニアが作成する資料では、用意されている図表のほとんどは使う機会がないと思いますが、「組織図」だけはプロジェクト実施計画書など、体制図を入れる資料で活用できます。

組織図は、[図形描画]ツールバーの[図表]ボタンから[図表ギャラリー]ダイアログを表示し、[組織図]を選択するとスライド内に挿入することができます（図3.28）。あとは組織図の挿入と同時に表示されている「組織図」ツールバーを使って、挿入された組織図を編集すればよいだけです。

以下に、組織図を編集するために覚えておきたい機能を3つ紹介します。

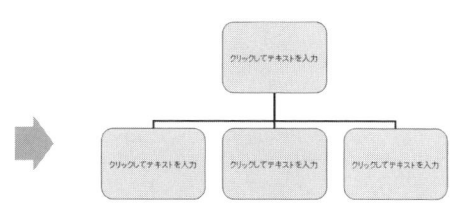

[図表ギャラリー]ダイアログにて「組織図」を選択すると、スライド内に組織図のドラフトが挿入される

↑3.28：組織図の挿入方法

3.3 オートシェイプ以外のオブジェクトを使った作図

要員の追加

最初に紹介するのは「要員の追加」です。先に示したとおりデフォルトで挿入される組織図は、上長1人とその部下3人だけですので、これをベースに編集していきましょう。

組織図に要員を追加したい場合は、「図形の挿入」を使います（**図3.29**）。「図形の挿入」は、選択されている位置から相対的なポジションに要員を追加してくれる機能です。選択されている位置の「部下」「同レベル」「アシスタント」の3種類の追加ができます[*9]。

メンバーBを選択した状態で、ツールバーから［組織図］→［図形の挿入］を選択する

［部下］を選択すると、メンバーBの下位に新規メンバーが追加される

［同レベル］を選択すると、メンバーBの右（同列）に新規メンバーが追加される

［アシスタント］を選択すると、メンバーBの下位・横に新規メンバーが追加される

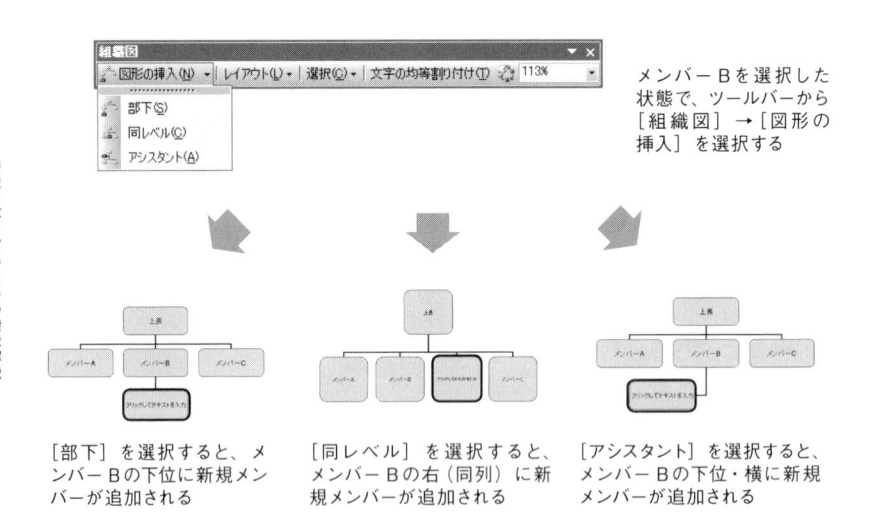

↑ 図3.29：要員の追加方法

[*8] 2007では「SmartArt」として数多くの図表が追加されていますが、よく使うものとしては「階層構造」グループにあるものくらいだと思います。

[*9] 2007の「組織図」では、「同列」が追加できるようになり、上長を複数設定して複数の組織図を同じ枠内に作成することが可能となりました。

レイアウトの調整

　追加した要員は、そのポジションにしたがって配置され、組織図の範囲内でオブジェクトの大きさ、フォントサイズ、レイアウトが自動的に調整されます。追加するたびにいちいち全体を動かす必要がないため便利ですが、実際の組織図では、リーダーを目立たせたり、関連する別の組織との対応付けのためにあえてバランスを崩して表現する場合もあります。

　必要な要員追加を行った後、オブジェクトのサイズやフォント、レイアウトを手動で調整する場合は、オートレイアウトをOFFにしてください（**図3.30**）。なお、手動調整した後にオートレイアウトをONにすると、せっかく調整したレイアウトも自動調整されてしまうため、注意しましょう。

［組織図］→［レイアウト］→［組織図のオートレイアウト］で自動調整機能のON／OFFを切り替える

↑ 図3.30：自動調整機能の切り替え方法

要員／コネクタの複数選択機能

　追加した要員は角丸四角形で追加され、背景色は標準の「塗りつぶしの色」、文字の書式はオートシェイプの既定値になります。もちろんこれを編集することは可能なのですが、オブジェクトを選択する必要があるため、追加するたびに編集していては手間がかかって仕方ありません。

　ここで便利なのが［選択］です。「同レベルすべて」「配下すべて」「すべてのアシスタント」「すべてのコネクタ」が選択できます（**図3.31**）。これを使えば、要員が増えても簡単に編集することができるでしょう。

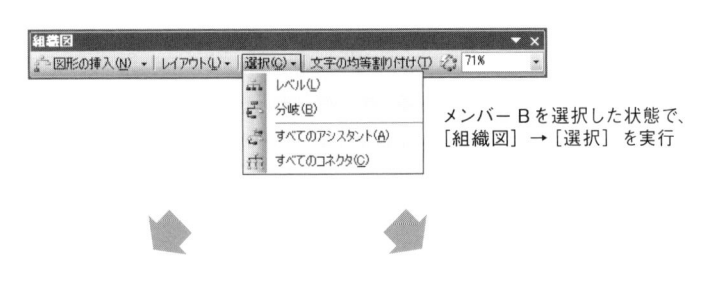

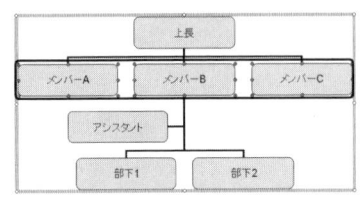

3.3 オートシェイプ以外のオブジェクトを使った作図

メンバーBを選択した状態で、
［組織図］→［選択］を実行

［レベル］を選択すると、メンバーBと同列のメンバーが選択される

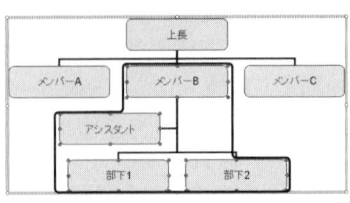

［分岐］を選択すると、メンバーBを含むメンバーB配下のすべてのメンバーが選択される

↑ 図 3.31：要員の選択方法

3.3.2 クリップアートの使い方

　硬派なパワポ流では積極的にクリップアートを使うことはありませんが、例えば「PCのアイコンを描きたい」ようなときに、クリップアートを用いることがあります。しかし、クリップアートの画像には背景や影など余計な装飾が含まれていることがあり、これらは邪魔になります。ここでは、クリップアートの余計な装飾を取り除いて利用する方法を紹介しておきます。
　まず、編集したいクリップアートを選択し、グループ化を解除します（その際、警告メッセージが表示されることがありますので、［はい］で続行します）。
　グループ化を解除した後は、不要な背景の削除や、色の変更など必要な加工を施して意図する図に仕上げましょう。その際、できあがった図は、動かしやすいようにグループ化するのを忘れないでください（**図 3.32**）。

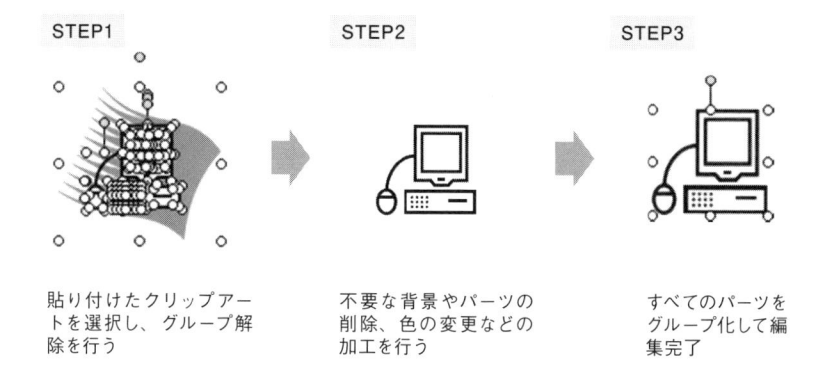

↑ **図3.32：クリップアートから余計な装飾を取り除く方法**

3.3.3　画像を貼り付ける

クリップアート以外にオリジナルの画像を貼り付けることもあります。例えば、ネットワーク図やシステム構成図に実際の機器の写真を貼り付けたり、構築したアプリケーションの操作マニュアルに画面のハードコピーを貼り付けるなど、オートシェイプやクリップアートによるイメージではなく実物が必要な場合です。

ここでは画像を貼り付けるときに注意したい「貼り付ける形式」と「図の圧縮」について解説します。

貼り付ける形式

PowerPointでは、画像を貼り付ける形式が何種類か用意されていますが、形式によってはファイルサイズや画像の鮮明度が異なります。通常は「拡張メタファイル」を選択してください。「Windowsメタファイル」は、ファイルサイズは小さいのですが、画像の鮮明度に欠けてしまいます。また「図」や「ビットマップ」はファイルサイズが大きくなってしまいます。

図の圧縮

　画像を貼り付けた場合、往々にしてファイルサイズが大きくなってしまいがちです。特に、ネットワーク図やシステム構成図、操作マニュアルなどは貼り付ける画像数が多く、あっという間にメールで送付できるサイズを越えてしまいます。

　これを避けるために、[図]ツールバーの[図の圧縮]から、ファイル内のすべての図を圧縮し、ファイルサイズを小さくします（**図3.33**）。圧縮はファイル内すべての図に対して一括で実行できるので、ファイルが完成してからや、メールなどで誰かと共有する前に実行しても問題ありません。どうしても高解像度の画像が求められる資料以外では、この操作を必ず行うように習慣付けましょう。

[図]ツールバー→[図の圧縮]で表示される[図の圧縮]ダイアログを利用

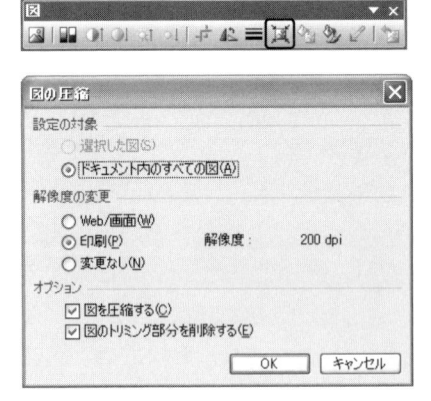

↑ 図3.33：図の圧縮方法

3.4 表作成の機能とテクニック

　PowerPointで表を作成する場合は、「表の挿入」を利用するのが普通です。しかし、PowerPointの表は使い勝手がよくないため、筆者はオートシェイプを駆使した「自作表」やExcelの表を貼り付けるなどの手法と使い分けています。
　ここでは、表の使い勝手の悪さを確認しながら、「自作表」の作り方やExcelの表を貼り付ける使い方を併せて紹介します。

3.4.1　セルの書式設定

複数セルの選択

　PowerPointの表では複数のセルを選択する場合、範囲選択しかできません。そのため、離れた位置にある複数のセルに対して同じ書式を設定したい場合、該当するセルをひとつずつ選択して設定する必要があります。
　「自作表」とは、セルに見立てた四角形を表の形に並べて作成した擬似的な表のことを指します。この自作表であれば、離れた位置にある複数のセル（四角形）を選択して一括で書式設定することができます（**図3.34**）。

3.4 表作成の機能とテクニック

↑ 図3.34：「表」と「自作表」での書式設定方法の違い

「表」の離れた位置のセルの背景色を設定する例

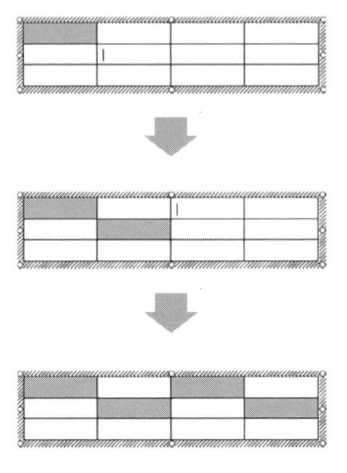

「表」ではセルをひとつずつ選択して書式を設定する必要がある

「自作表」の離れた位置のセルの背景色を設定する例

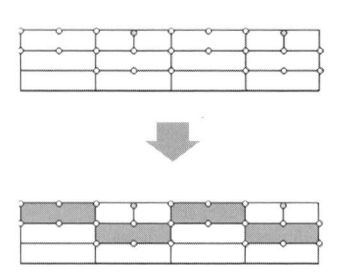

「自作表」では離れた位置のセルを同時に選択できるため、設定したいセルをすべて選択して一括して設定できる

書式のコピー

　PowerPointの「表」では、書式のコピー（[Ctrl] + [Shift] + [C] キー）機能でコピーできるのは文字の書式のみで、塗りつぶしの色や罫線などの要素はコピーされません。

　自作表であれば、「書式のコピー」によって、オートシェイプ（四角形）の持つすべての書式がコピーできますので、この問題も発生しません。

3.4.2　行の高さ／列の幅の自動調整とグリッド

　表には、セルの文字幅に合わせて行の高さや列の幅を自動的に調整してくれる機能があります。表全体の高さや幅を縮めれば、表のすべての行の高さや幅

を調整できますし、調整したい行の下辺や列の右辺の罫線をダブルクリックすれば、特定の行の高さや列の幅を調整できます。この点については「表」の方が自作表よりも勝っているといえます。

ただし、自動調整された表は、表の罫線がグリッドに合わなくなります。

残念ながら、表がグリッドに合わないのを解消する方法はありません。セルの中や表の周りにオートシェイプを配置する場合などは、自作表を用いた方がよいでしょう。

3.4.3　表計算の結果を記載する

表では、複数の数値とその計算結果を記載する機会が頻繁にあります。しかし、残念ながらPowerPointの表では、計算式機能がサポートされていませんので、Excelなどで計算した結果を資料に転記する必要があります。この問題は自作表でも解決できません。

この代替案として「オブジェクトの挿入」でスライド上にExcelのワークシートを挿入する方法があります。「オブジェクトの挿入」では、新規にPowerPointのファイル内にワークシートを作成する「新規作成」と、既存ファイルを取り込む「ファイルから」のいずれかを選択できますが、ワークシートの内容を変更した後の反映ミスを防ぐために、「新規作成」をお勧めします[*10]（**図3.35**）。

Excelワークシートを挿入すると、スライド上にオブジェクト枠が表示され、その中にExcelシートのイメージが表示されます。ワークシートを編集するときはオブジェクト枠をダブルクリックすると、Excelシートが表示され、セルの値や書式などの編集とオブジェクト枠内に表示する範囲を変更でき、[Esc]キーなどで編集を完了できます（**図3.36**）。

オブジェクト枠のサイズも変更できますが、縦横比を固定せずにサイズを変更するとセル内の文字が潰れたり間延びしてしまうので、必ず縦横比固定でサイズ変更してください。また、オブジェクト枠を変更しても表示する範囲は変更されませんので、表示する範囲を変更する際は前述のようにダブルクリック

[*10] 「ファイルから」の場合、既存ファイルを更新するだけではスライド上に反映させません。更新内容を反映するためには、「リンクの更新」を実行する必要があり、これを忘れてしまうと反映ミスが起こってしまいます。

3.4 表作成の機能とテクニック

からワークシートの編集モードに切替えてください。

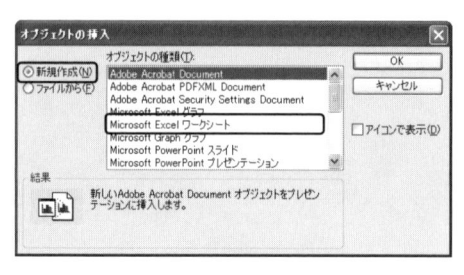

[オブジェクトの挿入] ダイアログで [新規作成]→[Microsoft Excel ワークシート] を選択

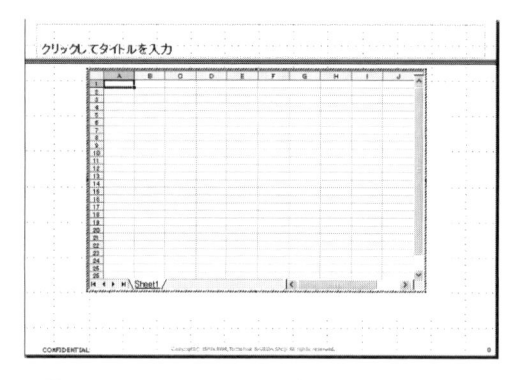

↑ 図3.35：Excelワークシートの挿入方法

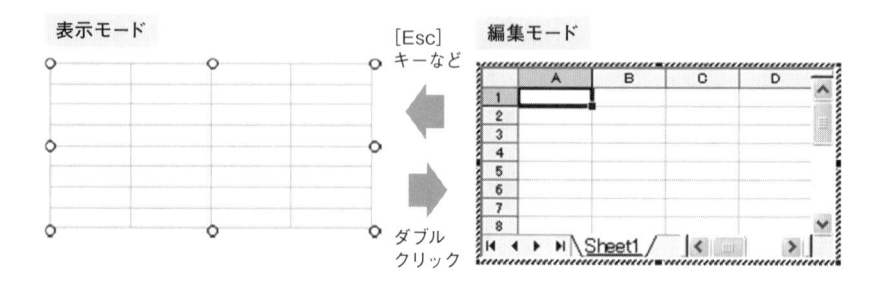

表示モード　[Esc]キーなど　編集モード
ダブルクリック

↑ 図3.36：Excelワークシートの編集方法

3.4 表作成の機能とテクニック

表の挿入時の罫線（外枠）が太い

　スライドに表を挿入すると、表のサイズやセルの数に関わらず、外枠が2.25pt、内側の罫線が1ptの太さで表が作成されます（**図3.37**）。

　残念ながらこれは設定などで解消することはできませんので、罫線の太さを揃えたい場合は、表を挿入するたびに調整してください[11]。

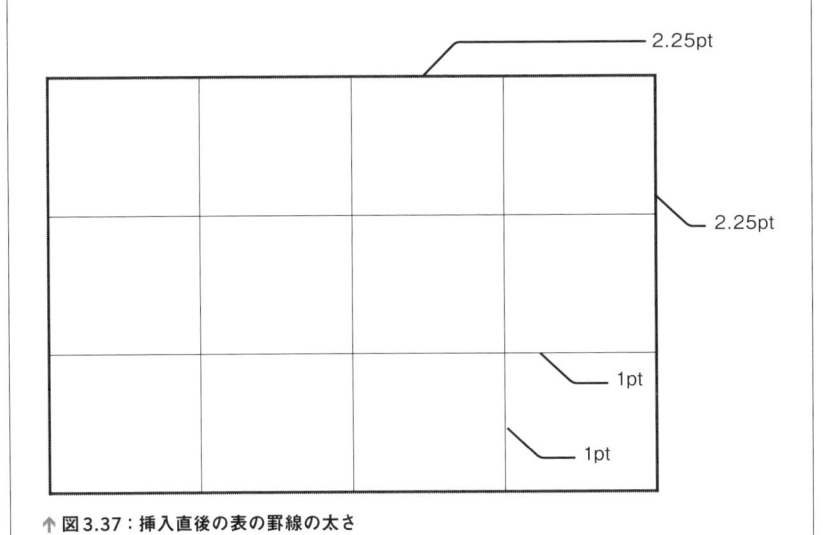

↑ **図3.37**：挿入直後の表の罫線の太さ

---

*11　2007では、表の外枠の罫線も内側の罫線同様に太さは1ptで作成されます。

3.5　その他の機能とテクニック

本節では、これまでに解説してきた文章・図・表以外の機能やテクニックについて解説します。

3.5.1　知っておくべきグリッドの詳細仕様

グリッドに吸着する基準

2章で解説したように、「描画オブジェクトをグリッドに合わせる」はONにしていますが、グリッドの吸着については、1点注意しておきたいことがあります。それは、グリッドへの「吸着する基準」です。オブジェクトをスライド内で移動するときに、吸着する箇所は、移動方向にある「辺」です。

例えば、右方向に移動する際は「右辺」が、左方向に移動する際は「左辺」がグリッドに吸着します（**図3.38**）。オブジェクトの幅がグリッド間隔の倍数であれば、右辺／左辺のどちらに移動しても両辺ともグリッド上に配置されますが、幅がグリッド間隔の倍数でない場合、両辺がグリッド上に位置することはあり得ません。

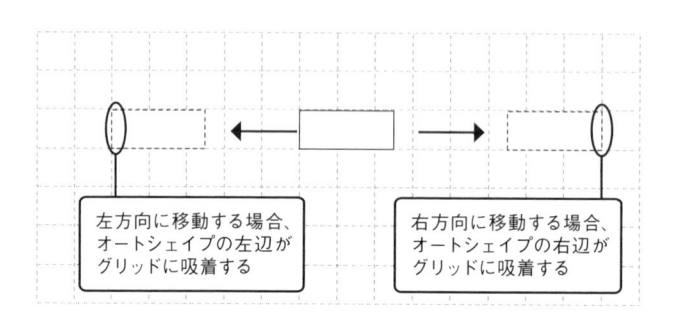

↑ 図3.38：オブジェクトの移動方向とグリッドへの吸着基準

オートシェイプのサイズ変更

「描画オブジェクトをグリッドに合わせる」をONにしていれば、作成したオートシェイプのサイズはグリッド間隔の倍数になります。

しかし、サイズ変更の方法を誤ると、サイズがグリッド間隔の倍数でなくなってしまい、位置の調整やほかのオートシェイプとサイズを合わせる際に面倒です。

誤った方法は大きく分けて2種類あります。

ひとつ目は「縦横比を固定したサイズ変更」です。「縦横比を固定したサイズ変更」とは、[Shift]キーを押しながらオートシェイプの角にあるポインタをドラッグ＆ドロップするなどの操作を指し、これを行うとグリッドに合わないオートシェイプになってしまいます（**図3.39**）。

ふたつ目は「複数のオートシェイプの一括サイズ変更」です。サイズの異なる複数のオートシェイプを選択してサイズを変更すると、オートシェイプ間のサイズ比率が維持されたままそれぞれのサイズが変更され、元のサイズによってはグリッド間隔の倍数ではなくなります（**図3.40**）。また、グループ化されたオートシェイプも、「複数のオートシェイプ」ですので、当然サイズ変更によってグリッドに合わなくなります。

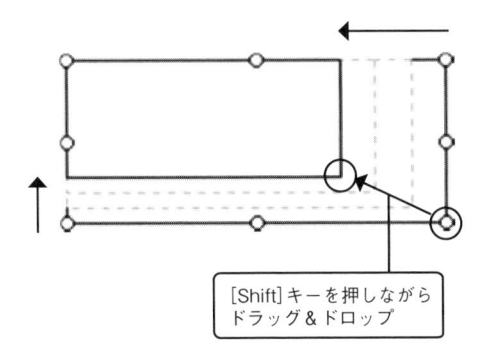

↑ 図3.39：縦横比固定でのオートシェイプのサイズ変更

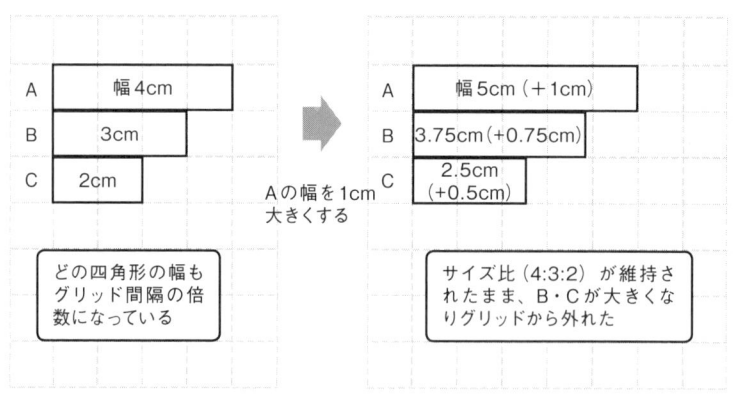

↑ 図3.40：サイズの異なるオートシェイプを複数選択してサイズ変更する例

3.5.2　複数オブジェクトの選択

　オートシェイプを多数使用した図では、つかみたい（フォーカスを当てたい）オートシェイプをマウスではうまくつかめないことがよくあります。例えば、テキストボックスの背後に隠れてしまった矢印などが「つかめないオートシェイプ」に該当します。

　そんなときのために用意された機能が「複数オブジェクトの選択」です。［図形描画］ツールバー→［複数オブジェクトの選択］でダイアログを表示すると、ページ内のオートシェイプが一覧表示されるので、その中からつかみたいオートシェイプにチェックを入れ、［OK］を押してオートシェイプを選択することができます（**図3.41**）。ただし、ダイアログにはオブジェクト名（オブジェクトの種類＋連番）とテキストだけですので、つかみたいオートシェイプがどれかわからない場合は、試しに［OK］を押して選択してみるといいでしょう。

　なお、2007では「オブジェクトの選択と表示」が上記機能に当たりますが、ダイアログ上でチェックを入れるだけでオートシェイプが選択された状態になりますので、2003よりも使いやすくなっていると言えます（**図3.42**）。

3.5 その他の機能とテクニック

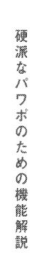

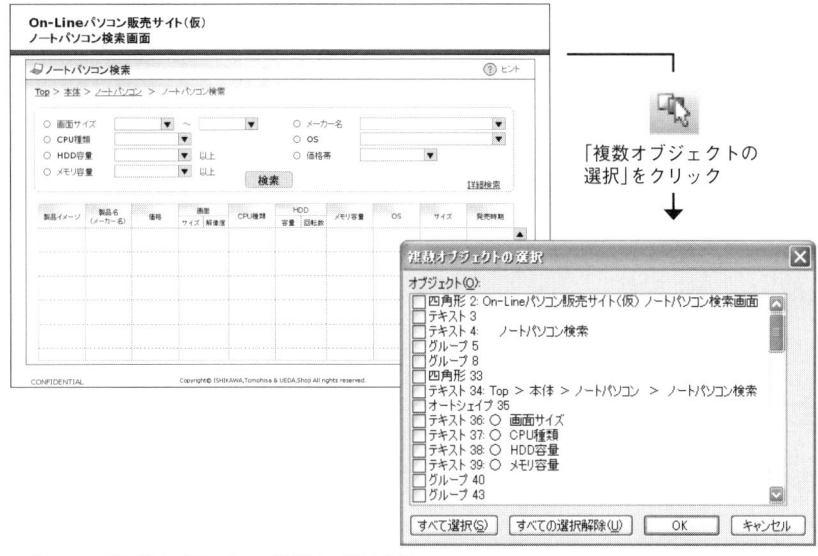

↑ 図3.41：「複数オブジェクトの選択」の使用方法

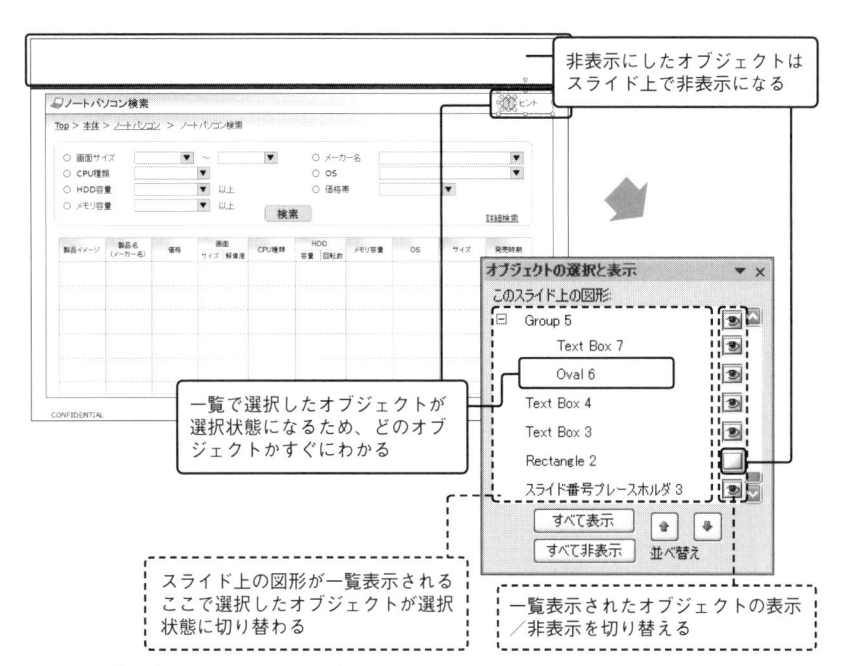

↑ 図3.42：「オブジェクトの選択と表示」の使用方法

3.5.3 マスターしておくべきショートカットキー

硬派なパワポ流では、マウスを用いた編集操作を極力避け、ショートカットキーを用いてサクサク操作することが重要になります。

ここでは、使用頻度の高いショートカットキーについて紹介します。なお、［Ctrl］＋［C］（コピー）などの常識レベルのショートカットキーについては割愛します。

書式の操作

書式の操作に関するショートカットキーとして、「フォントサイズの変更／文字寄せ／書式のコピー＆ペースト」を紹介します。

操作	ショートカットキー
フォントの拡大	［Ctrl］＋［]］（または［Ctrl］+［Shift］＋［>］）
フォントの縮小	［Ctrl］＋［[］（または［Ctrl］+［Shift］＋［<］）
文字寄せ（左寄せ）	［Ctrl］＋［L］
文字寄せ（中央寄せ）	［Ctrl］＋［E］
文字寄せ（右寄せ）	［Ctrl］＋［R］
書式のコピー	［Ctrl］＋［Shift］＋［C］
書式の貼付け	［Ctrl］＋［Shift］＋［V］

オブジェクトの操作

オブジェクトの操作に関するショートカットキーとして、「グループ化／インデント調整」を紹介します。

操作	ショートカットキー
グループ化	[Ctrl] + [Shift] + [G]
グループ解除	[Ctrl] + [Shift] + [U]
インデント	[Alt] + [Shift] + [→]
インデント解除	[Alt] + [Shift] + [←]
ひとつ上のレベルへ移動	[Alt] + [Shift] + [↑]
ひとつ下のレベルへ移動	[Alt] + [Shift] + [↓]
セルへのTab文字挿入	[Ctrl] + [Tab]

「インデント（インデント解除）」は、オートシェイプや表のセル内の場合は、[Tab]キー（[Shift]＋[Tab]キー）での操作はできませんので、このショートカットキーを覚えておいてください。

画面表示の操作

操作	ショートカットキー
グリッドの表示切替え	[Shift] + [F9]

硬派なパワポ流では、基本的に「グリッドを表示する」設定を使用しますが、細かい図などの編集時にグリッド線が邪魔になることがあります。その場合、このショートカットキーを使って一時的にグリッドを非表示にしましょう。

スライドショーの操作

操作	ショートカットキー
スライドショーの実行	[F5]
現在のスライドからのスライドショー	[Shift] + [F5]
(スライドショーモードで) 指定した番号のスライドに移動する	ページ番号+[Enter]
(スライドショーモードで) ペンの表示	[Ctrl] + [P]
(スライドショーモードで) 矢印ポインタの表示	[Ctrl] + [A]
(スライドショーモードで) ペン・矢印ポインタの非表示	[Ctrl] + [H]

3.5.4 メニューバーをキーボードで操作する

ここまでショートカットキーを紹介してきましたが、ショートカットキーとして割当てられていないメニューバーの機能もキーボードで操作することができます。

もちろんメニューバーの機能はマウスで操作できますが、キーボードの方が圧倒的に早く操作できます。

スライド全般に関する機能

スライド全般に関する操作でよく使う機能として「スライドマスタの表示」と「表示カラーの切り替え」を紹介します。

操作	ショートカットキー
スライドマスタの表示	[Alt] → [V] → [M] → [S]
(スライドマスタ編集ビューで) マスタ表示を閉じる	[Alt] + [C]
グレースケール表示	[Alt] → [V] → [C] → [G]
カラー表示	[Alt] → [V] → [C] → [C]

「グレースケール表示」は、白黒印刷時のイメージを確認するために使用しましょう。

オブジェクトの操作に関する機能

操作	ショートカットキー
最前面へ移動	[Alt] → [R] → [R] → [T]

第4章
パワポを使った会議術

「進捗会議」「仕様検討会議」「業務ヒアリング」「開発ドキュメントのレビュー」など、エンジニアの方々は日々いろいろな会議に参加しています。ここではPowerPointの活用テクニックのひとつとして、「PowerPointを使った会議術」を紹介します。この手法は筆者が日頃から実践している手法ですので、ぜひ身近な会議で実践してみてください。

4.1 よくある会議「紙会議」

「PowerPointによる会議術」を紹介する前に、一般的な「紙会議」の特徴に触れておきましょう。

紙会議とは、会議資料が紙で配布され、会議終了後に議事内容を整理した議事録が配布される会議を指します。まずは、紙会議の流れをおさらいし、そこに潜む問題点を分析していきましょう。

4.1.1 紙会議の流れ

紙会議では、議題にしたがった資料が出席者に配布され、議事進行役によって、資料を読み上げながら進行します。会議中には、資料の内容に対する指摘／質問などのコメントや、出席者間の議論の内容を議事録係が記録していきます。

予定された議題を終えれば、次回開催日時／場所／予定議題などを共有して会議自体は終了となりますが、議事録係は会議中に記録した議事内容を議事録にまとめ直し、会議開催日から数日後、出席者に配布、内容が確認されて1回の会議が本当の意味で完了となります。

ひと口に「議事録」と言ってもその種類はさまざまで、作成は簡単ではありません。よく「議事録もまともに書けないのか？」と怒られてる若手メンバーを見かけますが、じつのところ、若手メンバーでなくとも議事録の作成はそう簡単な作業ではありません。

4.1.2 資料の通りに議論は進まない

会議中には、必ずしもひとつの議題についてまとまって議論されるわけではなく、ほかの議題に移ってからも「そういえば、さっきの話だけど……」と、すでに完了した議題に戻って議論されることがしばしばあります。この場合、ほかの出席者は"さっきの話"に戻るために資料をめくり直して追いかけることになりますので、一時的に話が聞けずコメントもできない状態に陥ります。また、配布した資料を先読みし、まだ説明していないページの内容にコメントされることもあるでしょう。

このように、会議中の議論というのは、資料やアジェンダの順序通りには進まないものなのです。

配布されていない資料に議論が及ぶ「空中戦」

　資料やアジェンダの順序通りに議論が進まないどころか、「先週の資料に書いてあったけど……」と、会議の場では配布されていない資料に議論が及ぶ「空中戦」が展開されることもあります。また、空中戦は、議論の対象となる資料が手元にないため、出席者は頭の中で想像を巡らせながらそれぞれの認識で議論が進むことになります。その結果、出席者の間で認識のズレを生むことに繋がります。

4.1.3　会議の後で要点を抽出するのは大変

　紙会議では、会議後に議事録をまとめ直すことになりますが、じつは結論や課題の担当者などの要点が曖昧のまま会議が終了していることがあります。そのため、会議後に要点を抽出することは非常に大変な作業となるのです。発言を単純に記録していくだけの議事録では、先に述べたように議論が前後してしまうと、ひとつの議題に関連した内容がひとまとめにならず、結論を理解するためには読み手が議事録をすべて読み解かなければいけません。これでは、典型的な"わかりにくい議事録"になってしまいます。もちろん、前後した議論をうまく整理できればそれに越したことはありませんが、議論が活発になると、その議論内容を記録するだけで精一杯になってしまい、整理作業は会議後に行うことになります。

　また、「空中戦」も議事録の天敵です。「先週の資料に書いてあった」などという発言をそのまま議事録に残しても、発言があったことはわかりますが、その発言によって何が決まり、誰がどんな対応をするのかはわかりません。会議後に"先週の資料"を探し回って、空中戦の内容を確認するなど「会議後に要点を抽出するための情報収集」に相当な労力を割くことになります。

　さらに、紙会議での議事録は、会議終了後に出席者へ確認を依頼します。しかし意外なことに、出席者に議事録の確認を依頼してもほとんどの人が確認してくれません。その理由はふたつあります。

　ひとつ目は、大半の出席者が会議以外に別の業務を抱えているためです。

ふたつ目は、議事録の確認が"できるときにやる"努力目標になってしまうためです。

別の業務を抱えている上に努力目標となってしまっては、優先順位は低くなりますので、そのうち確認することを忘れて次回の会議開催日を迎えてしまうのです。

このように、会議後に要点を抽出して議事録にまとめることはかなりの労力が必要なのですが、その議事録はほとんど確認されないのが現実なのです。

4.1.4 一般的に「議事録には要点をまとめる」という風潮がある

一般的に議事録というのは、「結論や課題などの要点をテキストで簡潔にまとめるもの」という風潮があります。そのため、一般的な議事録のフォーマットはテキストベースで記載するものに仕上がっています。

ところが、この一般的なフォーマットを使ってあらゆる会議の議事録をまとめようとすると、中には効果的ではない内容もあるのです。

例えば、システム開発プロジェクトで画面設計方針として全画面の共通レイアウトを検討する場合で、担当者が作成した案が提示され、出席者でそれをレビューした場合を考えてみます。出席者からは、「画面の右上にログインしている社員名と組織名を表示して、機能メニューは画面左側に縦に並べよう」「画面の最上部にはパンくずリストを表示した方がわかりやすい」「システム名とロゴの位置はどうするか」「上からシステム名、社員名、パンくずリスト、機能メニューでいいんじゃない」「操作マニュアルへのリンクも入れておこう」など、いろいろな発言が飛び交います。このような場合、ホワイトボードなどを使って画面レイアウトのイメージを書きながら「結局どんな画面になるのか」を整理することでしょう[1]（**図4.1**）。

しかし、この会議の要点（結論）を抽出した議事録を作成しても、議事録の読み手に伝わる画面イメージはバラバラなものになってしまいます。

この例のように画面レイアウト案ひとつ取ってもオブジェクトの配置／大きさ／色／キャプションなど図には大量の情報が詰まっていますので、ホワイトボードの図を再現できるだけの文章にするのは現実的ではありません。つま

---

[1] 「では持ち帰り検討します」と言って持ち帰る人もちらほらと見掛けますが、せっかく議論できるメンバーが揃っているのに持ち帰ってしまうのは得策ではありませんね。

り、「文章では書ききれない」ゆえの図なのです。苦労した挙句、完成した議事録を読んでも図のイメージを伝えることができなければ、作成者は報われません。

↑図4.1：イメージが伝えきれない議事録の例

4.1.5　紙会議の問題点の解決策

　ここまで分析したとおり、紙会議における問題点は、「会議の後で要点を抽出するのは大変」「会議の後では議事録を確認してくれない」「要点のまとめだけでは効果的な議事録にならないことがある」の3点です。

　これらの問題点を解決するためには、会議を上手く誘導するいわゆるファシリテーションが必要になるでしょう。

　ただし、世の中の会議術本で言われているような「スーパーファシリテーター」になれというのではなく、スーパーファシリテーターでなくても実践できる「ラップアップ」が効果的だと考えています。

　ここで言う「ラップアップ」とは、議論のキリのいいタイミングで議論の要点（結論や課題など）を確認することを指します。これによって、会議の後で要点を抽出する必要はなくなりますし、何より結論や課題の担当者などが曖昧なままになっている点について、出席者に確認でき、曖昧な状態のまま会議を終えることを防げるようになります。

　ただし、ラップアップは何の準備もせずに実施できるわけではありません。ラップアップしやすくするためにふたつの準備をしておく必要があります。

　ひとつは、会議のアジェンダにラップアップするタイミングを大まかに入れておき、出席者に「ラップアップを行うこと」を共有し、意識させます。

　もうひとつは、会議にPCを持ち込んで、ラップアップしやすいように議事内容を決定事項／課題／ToDo／コメントなどを分類して記録しておくことです。会議のキリのいいタイミングで、この分類された記録を使って重要な箇所をラップアップします[*2]。

　次節より解説するPowerPointを使った会議（PowerPoint会議）では、ラップアップをより効果的に実施することができます。

[*2] 発言を分類するというのは若手メンバーには酷な話ですので、若手メンバーに議事録を取らせていること自体が問題です。

4.2　「PowerPoint会議」のすすめ

　紙会議に潜む問題点とその解決のためにはファシリテーションが必要であることを理解いただけたところで、本題の「PowerPointによる会議術」を解説していきます。

　PowerPoint会議は資料を配布せず、PowerPointで作成した資料をスクリーンに映して会議を進行します。「プロジェクタを使った会議なら、ウチでもやってるよ」という方がいるかと思いますが、紙会議の延長でプロジェクタを利用しても問題点を解決するには至りません。筆者が提唱するPowerPoint会議では、前節で挙げた紙会議の問題を解決することができます。

4.2.1　"今"の議論を常にリードする

　PowerPoint会議では、会議資料はスクリーンに映し出されています。

　それにより、まだ説明していない資料の内容に議論が飛んでしまっても、逆に、「そういえば、さっきの話だけど……」とすでに議論された内容に話が戻ったときにも、議論の対象となるページをすぐに映し出すことで、出席者の誰もが同じページを見ながら議論することができます。このとき、資料がPowerPointで作成されていれば、スライドショーを実行している状態なので、［数字］＋［Enter］キーでページジャンプが簡単にできます。操作をスムーズに行うために資料のサムネイルを用意しておくと、さらによいでしょう[*3]。

　また、このように映し出されているページが議論と共に別のページに切り替わったとき、出席者が「どこのこと？」と付いて来れなくなることがあります。そんなときには「ペン」を利用して、議論しているポイントや参照してほしい図などを指し示して、出席者が迷わないようにしましょう。

[*3]　会議資料は10〜20ページに渡ることもありますので、どこのページかがすぐにわからないと、"さっきの話"のページを映し出すために、［↑］キーを連打して該当ページを探したり、「適当な数字＋Enter」でジャンプした後に［↑］［↓］キーで探すことになり、「紙で配ってほしい」と思われてしまうので注意しましょう。

4.2.2　空中戦を記録しておくべし

先に述べたように、会議の中ではしばしば議論が「空中戦」に及ぶことがあります。しかし一言に「空中戦」と言っても、その形はさまざまです。

議論の対象となる資料が会議で配布されていないだけなら、対象資料をスクリーンに映し出せば空中戦のまま議論が続くことを抑止できます。

また、議論の対象が資料化されていなかったり、何の議論なのかよくわからない空中戦も起こり得ます。そのような場合には、議論に耳を傾けながら議論の内容を記録しておき、キリのいいタイミングで「今までの議論の確認」としてスクリーンに映し出すことで空中戦を抑止できます。ただし、後者は議論の内容がよくわからないことがありますので、その場合は「わからない」ことを明記し、スクリーンに映し出したところで出席者に確認するようにしましょう。

なお、議論の内容が、画面イメージやデータフローなど図で表現できそうなことが判断できる場合であればPowerPointのスライドを用いて図で記録しますが、何についての議論なのかもわからないような場合は、ひとまずテキストエディタに発言内容を順に記録しておくとよいでしょう。いずれにしても、ここで記録した内容は、出席者の目に触れ、内容に齟齬のないことが確認できている立派な資料ですので、会議後には細かな体裁を整える程度の作業で、出席者の間で議論内容を共有できます。

4.2.3　PowerPoint会議では二画面表示が鉄則

皆さんが普段実施されているプロジェクタを使った会議は、スクリーンに表示されている内容と操作しているPCの画面の表示内容が同じものではないかと思います（この状態を便宜上「一画面表示」と呼びます）。

筆者が提唱するPowerPoint会議では、スクリーン上の表示内容と操作PCの画面上の表示内容は異なるものとなる「二画面表示」が鉄則です。具体的には、スクリーンに資料のスライドショーが表示され、手元のPCの画面上には編集ビューを表示して会議を進めます（**図4.2**）。その理由は後に述べるとして、ここではまず、二画面表示を実現するための設定方法を紹介しておきましょう。

［スライドショー］→［スライドショーの設定］で［スライドショーの設定］

4.2 「PowerPoint会議」のすすめ

ダイアログを表示して、「複数モニタ」のスライドショーの表示先を外部ディスプレイに設定します[*4]（**図4.3**）。さらに、実際の外部ディスプレイを接続した際に、表示ディスプレイの設定を変更する必要があります。ディスプレイドライバによって設定方法は異なりますが、ファンクションキーなどを使って切替えることができます。

上記の設定によって、スクリーンにスライドショーを表示したまま、操作PCの画面上を作業場所にすることができるようになります。

それでは具体的に二画面表示の効果を紹介していきましょう。

スクリーンにはスライドショーが表示されている

操作PCの画面には、編集ビューが表示されている

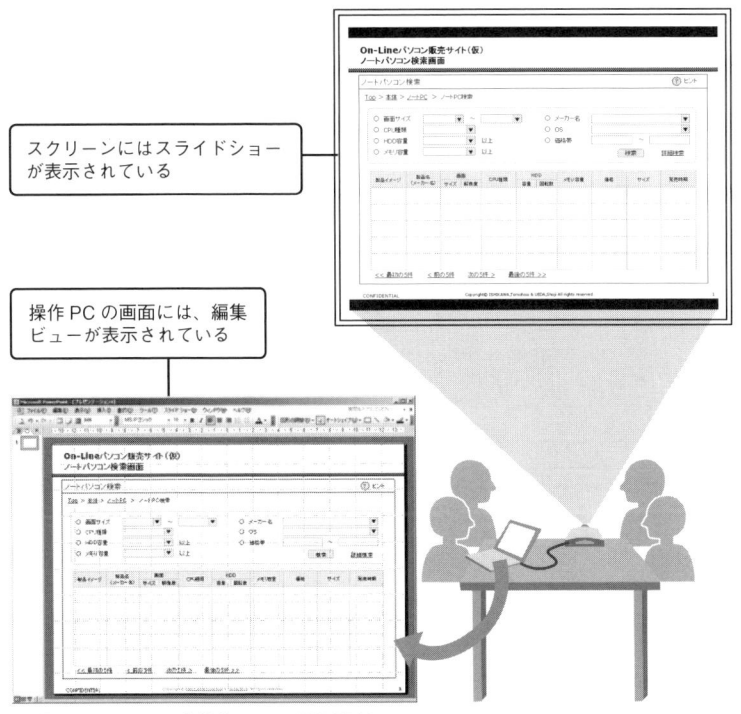

↑ 図4.2：スクリーンと操作PCの二画面表示

---

*4 スライドショーの表示先は、外部ディスプレイが接続されていないと設定変更できませんので、注意してください。

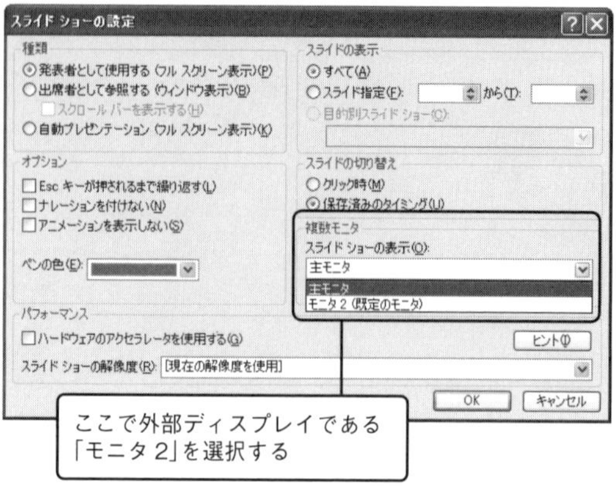

4.2 「PowerPoint会議」のすすめ

ここで外部ディスプレイである「モニタ2」を選択する

↑ **図4.3：[スライドショーの設定] ダイアログ**

スライドショーを止めずにスライドを編集できる

　二画面表示では、スクリーンにスライドショーを表示させたまま操作PCの画面には編集ビューを表示させることができますので、スライドショーを停止させずに編集ビューでスライドを編集することが可能です。

　例えば作成した資料をレビューするような場合、簡単な修正はその場で修正できますし、修正に少し時間を要する場合は、テキストボックスを配置して「何をどう修正するのか」を書き込むことで、その修正内容について出席者の認識を合わせられます。

　また、進捗会議などでは、課題やToDoが発生したり何らかの方針に決定が下されることがありますが、その場合でもテキストボックスにその内容を書き込めば、議論された内容への齟齬を防ぐことができます。課題やToDoの場合は、その内容と合わせて担当者や期限を書き込めば、曖昧なまま放置されることは少なくなるはずです。

　どうしても資料を紙で配布する必要がある場合でも、会議資料は会議の進行にしたがって更新されていきますので、必然的に出席者の視線はスライドショーに集中し、紙の資料が邪魔をすることはありません。

　同じことを一画面表示で実行しようとすると、いったんスライドショーを終了させる必要がありますので、スムーズな進行が難しくなります。また、編集ビューをスクリーンに表示して編集すると、フォントサイズが小さく、修正した内容や書き込んだコメントの内容の文字が潰れてしまって、スライドショー

が再開されるまで編集結果を確認できません。編集した結果が適切ではない場合、スライドショーと編集ビューを行ったり来たりするため、会議進行の妨げになってしまいます。

　もちろん二画面表示の場合でも、編集作業に時間を取られては元も子もありませんので、基本的なキーボード操作やマウス操作は当然ながら、フォントサイズなど書式変更に関わるショートカットキーは確実にマスターしておきましょう。

裏で"先週の資料"を探す

　二画面表示のもうひとつのメリットは、スライドショーの表示に関わらず必要な作業をその場で行うことができる点です。例えば「先週の資料に書いてあったけど……」と、スクリーンに表示していない別の資料の中身に話が及んで「空中戦」が展開してしまった場合、スライドショーを停止せずに"あのときの資料"を裏で探し、議論のキリのいいタイミングでスクリーンに映すことで、「空中戦」を解消することができます。これを一画面表示で実行するのは難しく、資料を探すためにはスライドショーをいったん終了する必要があるので、議論の発端となったスライドが見えない状態になってしまいます。

　二画面表示を有効に利用してそのときの発言に即した資料を提示することで、出席者間での認識の齟齬を防ぐことができますし、その資料を見たことがない人でも議論に参加できるなど、多くのメリットを得ることができます。

二画面間で資料を移動する

　裏で探した資料などを実際にスクリーンに映し出すとき、その資料がPowerPointで作成されていればスライドショーを実行する[*5]だけですが、PowerPoint以外のツールで作成された資料の場合は、資料を開くと操作PC上に表示されますので、資料のウィンドウをマウス操作で操作PCの画面右端からスクリーン上に移動してください。

＊5　資料の途中のスライドを表示する場合も多いので、途中のスライドからスライドショーを開始するショートカット［Shift］＋［F5］キー（PowerPoint2002以降）は必ずマスターしておいてください。

4.2 「PowerPoint会議」のすすめ

　操作PCの画面上でウィンドウが最大化されている場合は、最大化を解除してスクリーン上に移動させます。もちろん、スクリーン上から操作PCの画面上に戻すときも同様に一度最大化を解除します。

スライドショーを操作するときはフォーカスに注意

　スライドの編集や二画面間で資料を移動していると、フォーカスがスライドショーから編集ビューやWord／Excelなどの別のウィンドウに移っていることがあります。これに気付かずにスライドショーの操作をすると、本人は一生懸命なのですがスライドショーは動かずに少し恥ずかしいことになりますので、スライドショーにフォーカスがあたっていることを確認するのを忘れないでください。

「デスクトップの表示」は使用厳禁

　会議中にいろいろな資料を表示していると、操作PCの画面上がウィンドウだらけになってくることがあります。そんなときでも、絶対に「デスクトップの表示」は使用しないでください。この機能は実行中のすべてのタスクを最小化する機能ですので、操作PCの画面上にあるウィンドウだけでなく、スクリーン上に映し出されているスライドショーや資料なども最小化されてしまって、会議中に参照している資料が見えなくなってしまい会議進行の妨げになってしまうからです。

4.3 「PowerPoint会議」の実践

　ここまでの解説で「PowerPoint会議」の概要とメリットはご理解いただけたかと思います。そこで、本章の最後では、PowerPoint会議を実践する方法を紹介します。

　PowerPoint会議を実践するということは、会社や組織の会議のあり方を変えることになります。特にお客様や上長などが参加する会議で不慣れなまま実践してしまうと、「紙会議の方がいい」と思われてしまい、PowerPoint会議の実践は継続できなくなるでしょう。

　PowerPoint会議を段階的に導入／実践するために、場の柔らかい会議から緊張感のある会議までを3つのレベルに分けて、それぞれで有効なテクニックを紹介しますので、これを参考にぜひPowerPoint会議を定着させてみてください。

4.3.1　会議レベル1「レビュー会」

　PowerPoint会議に慣れていただくために、最初の実践の場としてお勧めなのが「レビュー会」です。特に社内レビュー、チーム内レビューといったお馴染みのメンバーによるレビュー会であれば、さほど緊張も感じませんし、操作が多少もたついても許されますので、PowerPoint会議のテクニックを最初に試すには最適です。

　レビュー会をPowerPoint会議で実践すると、スライドショーを止めずにスライドを修正する操作と別資料を探してスクリーンへ表示する操作を習得できるだけではなく、認識違いによるレビューの繰り返しが避けられ資料のレビュー全体が効率化される効果もあります。

指摘は即反映

　設計書やテスト仕様書のレビューは、元より「ミスの修正」が目的ですので、レビュアはレビュー対象物を十分チェックして細かなミスも逃さず指摘してくることでしょう。

　よくあるレビュー会のスタイルは、資料に指摘事項を朱書きしておき、後で

4.3 「PowerPoint会議」の実践

修正→再レビューといった流れになりますが、PowerPoint会議なら、スライドショーを止めずにその場でスライドを修正できますので、再レビューの必要がほとんどありません。修正に時間が掛かってしまう場合は再レビューも必要になりますが、スライドにテキストボックスを配置して修正方針を記載すれば、レビュアとの間で修正内容の認識合わせができるため、レビュー会終了後に修正しても指摘の意味を誤解してあらぬ方向へ着地してしまうことは避けられます。また、再レビュー時に指摘事項と合わせて確認できるため、再レビュー自体もスムーズに進行できます（**図4.4**）。

資料をその場で修正しますので、一度の「レビュー会」自体は多少時間が掛かってしまいますが、誤った方向での修正を避けられますので、何度もレビューを繰り返すことがなくなり効率的に資料を完成させることができます。

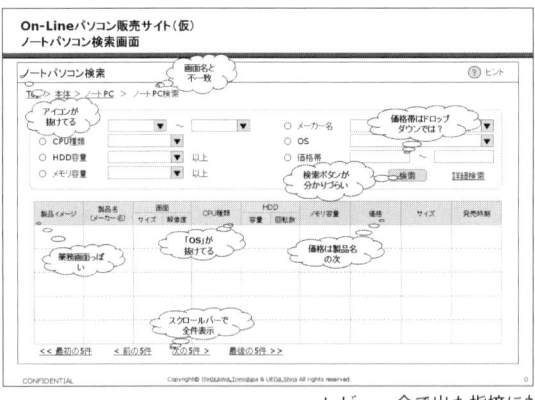

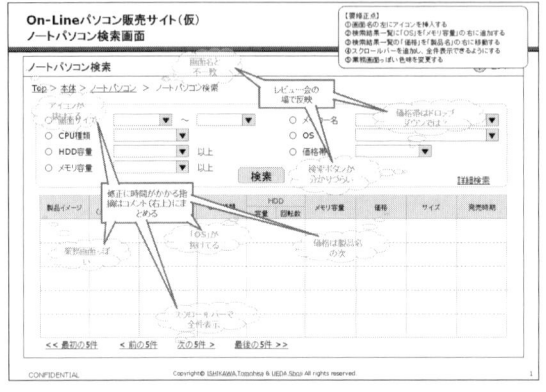

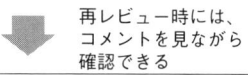

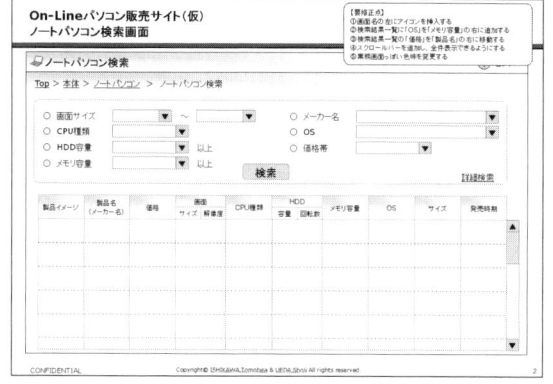

↑図4.4：レビュー会をPowerPoint会議で実践した場合の資料の状態例

ゆっくり焦らず別資料を探す

「××と同じように書いてよ」と、その場のレビュー対象物以外の資料の内容に準じた形式をリクエストされることもしばしばありますが、この場合でもゆっくり焦らずその資料を探して確認することで認識違いは避けられます。お馴染みのメンバーであれば、資料を探したりスクリーンへの表示にもたついても許してくれるでしょう。

4.3.2　会議レベル2「仕様検討会」

レビュー会で、スライドショーを止めずにスライドを修正する操作と、別資料を探してスクリーンへ表示する操作を習得できたら、次のステップです。

会議レベル2は、モヤモヤした状態の仕様を検討する「仕様検討会」が適当でしょう。仕様検討会もレビュー会と同様、お馴染みのメンバーが参加する会ですので、緊張することなく実践できるはずです。レビュー会との違いは、ベース資料がほとんどない状態で会が始まり、ほぼ空中戦の状態でものごとが決められていく点で、それによりPowerPointをホワイトボードのように使えるのです。

4.3 「PowerPoint会議」の実践

最初はホワイトボードの複写から

　仕様検討会とはいえ、検討テーマ（どの機能が検討対象なのか、など）はあらかじめ決定しているはずですので、スライドショーには検討テーマと議論のポイントなどをテキストで記載しておく程度の準備をしておきましょう。これによって出席者はその検討テーマに沿って議論することができます。

　ただし、PowerPoint会議だからといって、いきなり「ホワイトボード要らず」とはいきません。慣れないうちは、議論の前半はホワイトボードを使って情報を整理し、その内容をスライドにしていくことからはじめましょう。スライドに整理できたら、議論のキリがいいところを見計らって、作ったスライドをスクリーンに写します。そこからは大枠ができているので、ホワイトボードに頼らず、PowerPoint会議が実践できるはずです。

　議論内容をスライドにしていくことに熟練してくると、議論に参加しながらスライドに書き込むこともできるようになってきます。そうなると、スクリーンとプロジェクタさえあれば、ホワイトボードは不要になります。

4.3.3　会議レベル3「報告会」

　仕様検討会で、ホワイトボードに頼ることなくPowerPoint会議が実践できるようになったら、最後のステップに挑戦です。

　会議レベル3は、お客様や上長なども参加する「報告会」です。進捗報告、プロジェクト完了報告など、エンジニアが参加する「報告会」はさまざまですが、どの会議でも環境さえ整っていれば、PowerPoint会議の実践は可能です。ここでPowerPoint会議を成功させれば、その後社内で定着させることにも繋がるはずです。

　ただし、一点注意事項があります。報告会は、レビュー会や仕様検討会で培ったテクニックを発揮する集大成ですが、議論内容をコメントに残す際には発言の要点や真意を見極める力が必要ですし、空中戦による認識齟齬やよくわからない議論を的確に記録に残すためには、目の前で展開されている議論がどこに向かうのかを読む力が必要になります。つまり、報告会をPowerPoint会議で実践するためには、テクニックをうまく使っていくための「場を読む力」が必要不可欠になります。テクニックの習得だけに留まらず、この点にも注意して実践しましょう。

第5章
パワポで"ロジカル資料"

PowerPointは主観的な資料を作るのに適していますが、あくまで「ツール」に過ぎません。どんなにPowerPointの機能を使いこなせても、資料の構成を考えて、それを文章や図で表現するのに「PowerPointの機能を知っていること」はあまり役に立ちません。

そこで本章では「PowerPointの使い方」から一歩踏み込んで、複数人のチームで主観的な資料を作り上げてゆくための考え方や作業の進め方をテーマに解説していきます。

5.1 本章のアウトライン

　本章では、PowerPointを使って本格的な資料を作成する手法について解説します。ここで言う「本格的な資料」とは、企画書や提案書、あるいはエグゼクティブ向けの報告資料などを指します。

　これらの資料は、読み手を意識し、要点／論点を絞って、作成者の考えや主張を反映し、そして何よりわかりやすいことが重要です。このような資料を作成するためには、作成手順やコツを一般論として理解することももちろん重要ですが、それだけでは実践は困難でしょう。一般論を知識として頭で理解するのはそれほど難しいことではありませんが、いざそれを現場で使おうとすると、「こんな局面ではどうすべきか？」などの実践的な感覚が必要になってくるのです。

　そこで本章では、「Webショッピングモールの運営企業」という仮想シナリオを例に挙げ、その企業の背景や課題を理解した上で、企画書を作り上げるまでの具体的なケーススタディを、実践的に解説していくこととします（**図5.1**）。

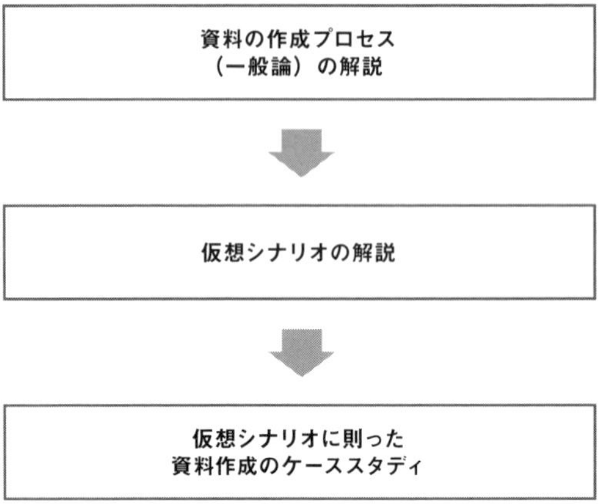

↑ 図5.1：本章の流れ

5.2 資料の作成プロセス

まずは、資料の作成プロセスの「一般論」を確認しましょう。資料作成の全体のプロセスは**図5.2**のようになります。先に述べたとおり、本格的な資料を作成する際には、以下の4つのポイントを踏まえることが重要です。

- 読み手を意識する（誰に向けた資料かが明確である）
- 要点／論点を絞る（何について論じた資料かが明確である）
- 作成者の考え／主張を記す（論点に対する資料作成者の見解が明確である）
- 何より、わかりやすい資料である

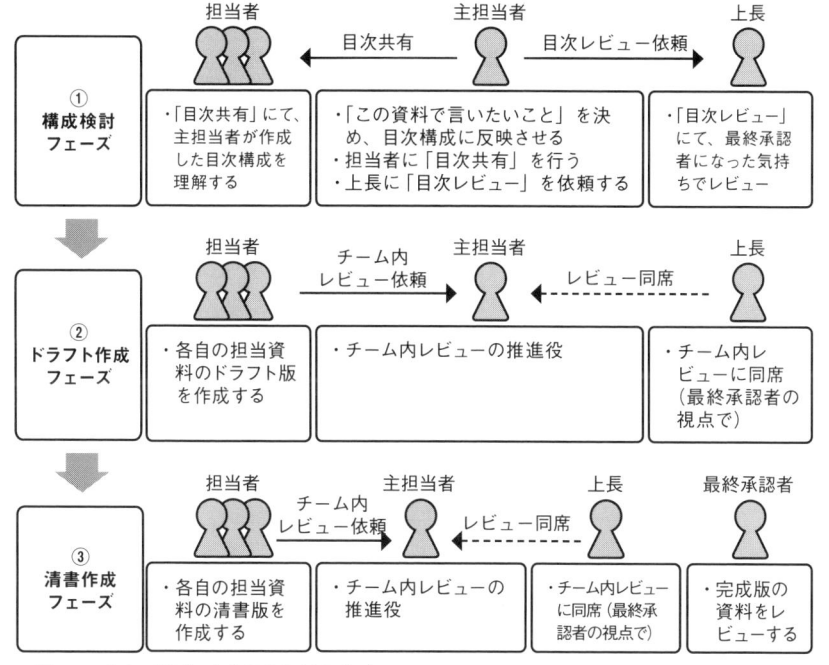

↑ 図5.2：本書で掲げる本格的な資料作成プロセス

この4つのポイントを満たした資料を作成するには、資料作成の初期の段階で「どのような資料に仕上げるか」という方向性を定めることがとても重要に

なってきます。具体的には、「ドラフト作成フェーズ」までは、「4つのポイントを満たしているか？」ということを常に自身／チーム内で反芻しながら、細部にこだわらず資料を作成する、ということです。そして最後の「清書作成フェーズ」で、はじめて細部までこだわって資料を書き上げる、という流れになります。

それでは、各フェーズを詳しく解説していきましょう。

5.2.1 構成検討フェーズ：
主担当者1人で資料の方向性を定める

資料の方向性を定め、目次構成を固めるまでの段階を「構成検討フェーズ」と呼びます。構成検討フェーズは、図5.3のような流れで進めます。

構成検討フェーズでは、目指すべき「ブレない方向性」を定めることが大事です。「この資料のオーナーが誰か？」をチーム全体で意識統一し、「誰の主義・主張をこめた資料か？」という点を読み手に伝えるためにも、主担当者をただ1人に定めておくべきです。

変に民主的な方針を採って「作成者はチーム全体」などとしてしまうと、チーム内の方向性にブレが生じたときに「こっちの方向性で行こう！」という鶴の一声が生まれにくくなったり、この後の資料作成をチームメンバーで分担したときに「方向性を担うのは誰で、チーム内のメインレビュアーは誰なのか？」が曖昧になってしまったりして、あまりよいことはありません。

方向性を主担当者1人で作り上げた後は、それを目次構成に十分反映し、目次を資料作成チーム全員に共有することを忘れずに実施するようにしましょう。この情報共有のことを、本書では「目次共有」と呼びます。

また、このフェーズで、承認者（例えば企画書を承認する部長）の合意が得られない不安があるときは、承認者に近しい立場の人間（例えば直接の上長など）に意見を請うとよいでしょう。本書ではこれを、「目次レビュー」と名付けます。これは筆者の経験則ですが、最終的に承認を下すエグゼクティブレベルの相手に、完成から程遠い段階の資料を提示しても、よい結果に終わることはごく稀です。大抵は「完成したものでないとわからない」と一蹴されるか、ただ掻き回される[*1]結果に終わってしまいがちです。このため、「方向性を定める段階での意見を請う」相手は、いきなり最終承認者に持っていくのではなく、承認者に近しく、かつ「現場の気持ち」も持ち併せている上長に聞くのが

よいでしょう。

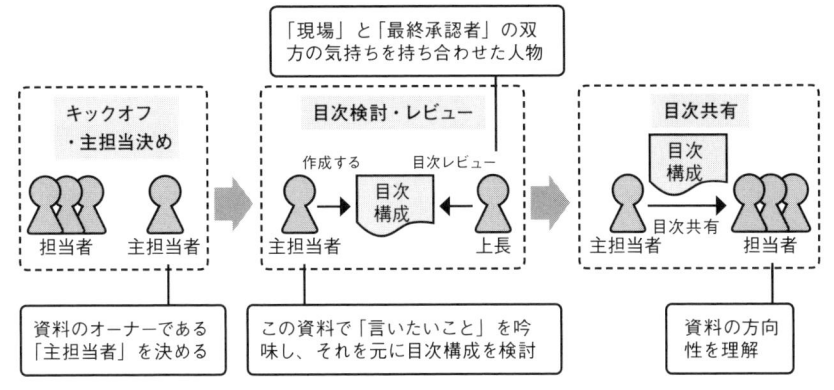

↑ 図5.3：構成検討フェーズの進め方

5.2.2　ドラフト作成フェーズ：メンバーで資料作成を分担してチーム内推敲

　資料の方向性を定め、チーム内の「目次共有」が済んだら、いよいよ分担を決めて、担当者ごとの資料作成に着手します。このフェーズを「ドラフト作成フェーズ」と呼びます。ドラフト作成フェーズは、**図5.4**の手順で進めます。

　まずは、目次の章構成を眺めながら、できるだけ相互依存が少なそうな「切れ目」を見定め、担当分担を決めましょう。

　各担当者は、いきなり清書に着手するのではなく、ページごとに「このページでは何を言いたいのか？」を明確に伝えることに重きを置いて資料を作成するように心掛けます。具体的には、以下のポイントを踏まえてドラフトを作り上げるとよいでしょう。

---

*1　現在考えている方向性を資料化していない段階で「別の方向へ転換すべきだ」などの指摘を受けてしまうことを、筆者は「掻き回される」と名付けています。掻き回されてしまうと、元々考えていた方向性を理解してもらうために別途資料を作成する羽目になったり、場合によっては、元々目指していた方向性が捻じ曲げられてしまったりしてしまい、「時間の浪費」や「モチベーションの低下」などの弊害が生じます。

5.2 資料の作成プロセス

- 正しい文章を書くことにはこだわらず、「伝えたいこと」を明確にする。「〜な感じで」「要は〜が伝わればOK」などの話し言葉をそのまま記しても構わない
- ドラフトの段階で図表は書かない。「〜を図で解説」「〜を端的に伝えるポンチ絵[*2]を描く予定」などのコメントを記しておけばよい
- 「このページに何を書くか」には徹底的にこだわる。「1ページに収まりそうな内容か否か?」「1ページ中に複数の事柄を散文的に込めていないか?」という視点で臨む

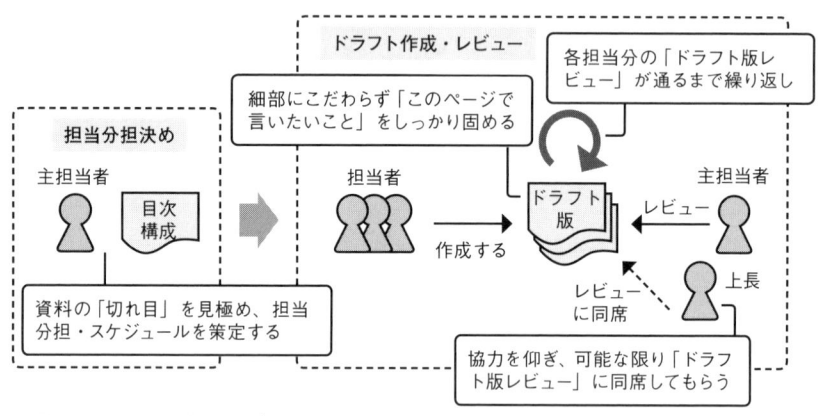

↑図5.4:ドラフト作成フェーズの進め方

　ドラフト版は、「正しい文章」や「図表」を精緻に"仕上げない"のがポイントです。最初から文章や図表の細部まで気を配りながら書こうとすると、「そのページで言いたいこと」という本質的な部分に意識が向きにくくなってしまいます。また、レビュー時の視点も、どうしても細部の方に目が向いてしまいがちです。細部に目を向けずに「まずは土台から固めよう」という意識を貫くために、この「ドラフト作成フェーズ」が存在するのです。

　各担当者がドラフト版を作成したら、主担当者がレビュアーを担い、チーム内レビューを実施します（このレビューを「ドラフト版レビュー」と呼びま

[*2] きちんとした表記法を定めず、わかりやすさを促進するための挿絵的な図を「ポンチ絵」と呼んでいます。筆者は当たり前に使っている言葉ですが、意外と「"ポンチ絵"って何?」と聞かれることが多いため、解説を記しておきました。

す)。なお、先ほど登場した「承認者に近しく、かつ"現場の気持ち"も持ち併せた上長」に対して、この段階でも内容の共有を行っておいた方が、後の手戻りが少なく済むでしょう。

ドラフト版レビューでは、4章で解説した会議の手法を活用すると効率的に進められます。具体的には、レビューの場でプロジェクタにスライドを映しながら、簡単な指摘事項はその場で修正し、多少入り組んだ指摘事項はテキストボックスで貼り付けておく、というやり方です。

再レビューの際には、前回レビュー版からの修正内容をわかりやすくするために、修正点を「赤字／赤枠のテキストボックス」として記しておくとレビューを効率的に進めることができます。

また、先ほど述べた「資料作成の最初の段階で方向性を定める」を実践するために、ドラフト版のレビューは、PowerPointのアウトラインビューをプロジェクタに映しながら実施すると、より効果的です。アウトラインビューは「ページごと」の視点ではなく「資料全体の流れ」を見渡すことができるため、資料全体において構成／シナリオに筋道が通っているかを確認することができます（**図5.5**）。

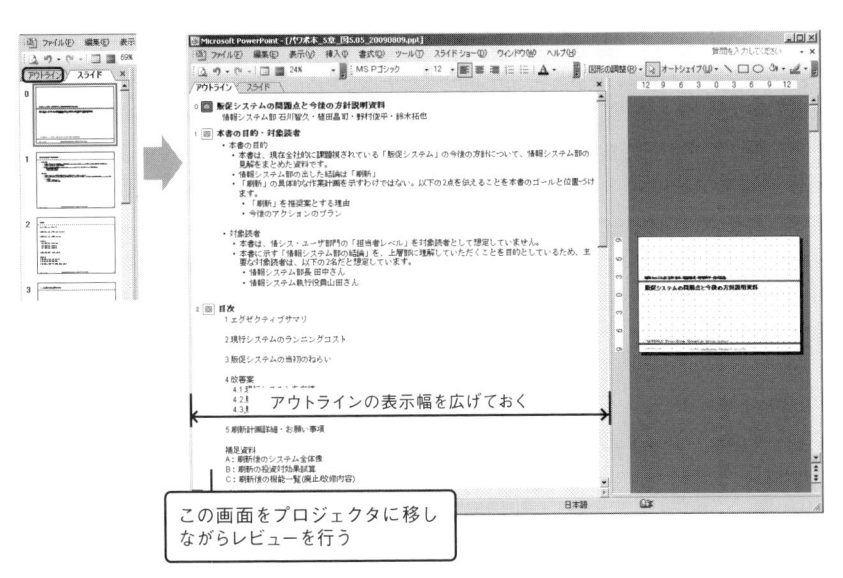

↑ 図5.5：アウトラインビューで資料全体を俯瞰

5.2.3 清書作成フェーズ：
　　　 細部のインスペクションを経て、いよいよ報告会本番

　ここまでに作成したドラフト版でようやく、「資料作成の初期段階で方向性を定める」という条件を満たした資料の目処が立ちました。この「清書作成フェーズ」は、いままで先送りにしていた文章や図表を精緻に書き上げるフェーズで、作業手順は**図**5.6のようになります。

　まずは、各担当者が文章や図表を清書し、チーム内で「清書レビュー」を実施します。この清書レビューでは、これまでのレビューのような「俯瞰的な視点」ではなく、「細部まで正しく書けているか？」という視点で、一字一句読み上げながらレビューを進めます。また、作成した図表についても「表記法が曖昧でないか？」「図解の意義があるか？[*3]」という観点でレビューするとよいでしょう。

　各担当者の清書レビューが完了したら、ひとつのファイルにマージして、チーム内での「全体ウォークスルー」を行います。清書レビューは「ページごと」の視点でしたが、ここでは「資料全体を通して1ページ目から最終ページまで順を追って読み上げていく」レビューを行います。なお、この「全体ウォークスルー」の場でも、できる限り「承認者に近しく、かつ現場の気持ちも持ち併せた上長」にも同席してもらうようにしましょう。

　ここまでの「全体ウォークスルー」のレビューでの指摘事項反映は、先のドラフト版レビューと同様に、修正点を赤字／赤枠のテキストボックスで記録しておきますが、最後の「報告会シミュレーション」では、これらのテキストボックスをすべて取り除いた、「完成版」の資料でレビューに臨みます。

　報告会シミュレーションでは、説明の仕方・時間配分を測ったり、「こんな指摘が来たらどう返すか？」と受け答えの準備をするなどの「本番直前の予行演習」というつもりで進めるようにしましょう。

　ここまでやっておけば、あとは報告会本番を残すのみです。これまでに重ねてきた議論やシミュレーションを生かせば、きっと本番を乗り切ることができ

[*3] 硬派なパワポにおける「図解」は、文章では伝えにくい複雑な事象を補完するための手段であり、単なる「見栄え重視のキャッチーなポンチ絵」ではありません。このため、「なくても理解できる」のであれば、無理に図解する必要はありません。

るはずです。

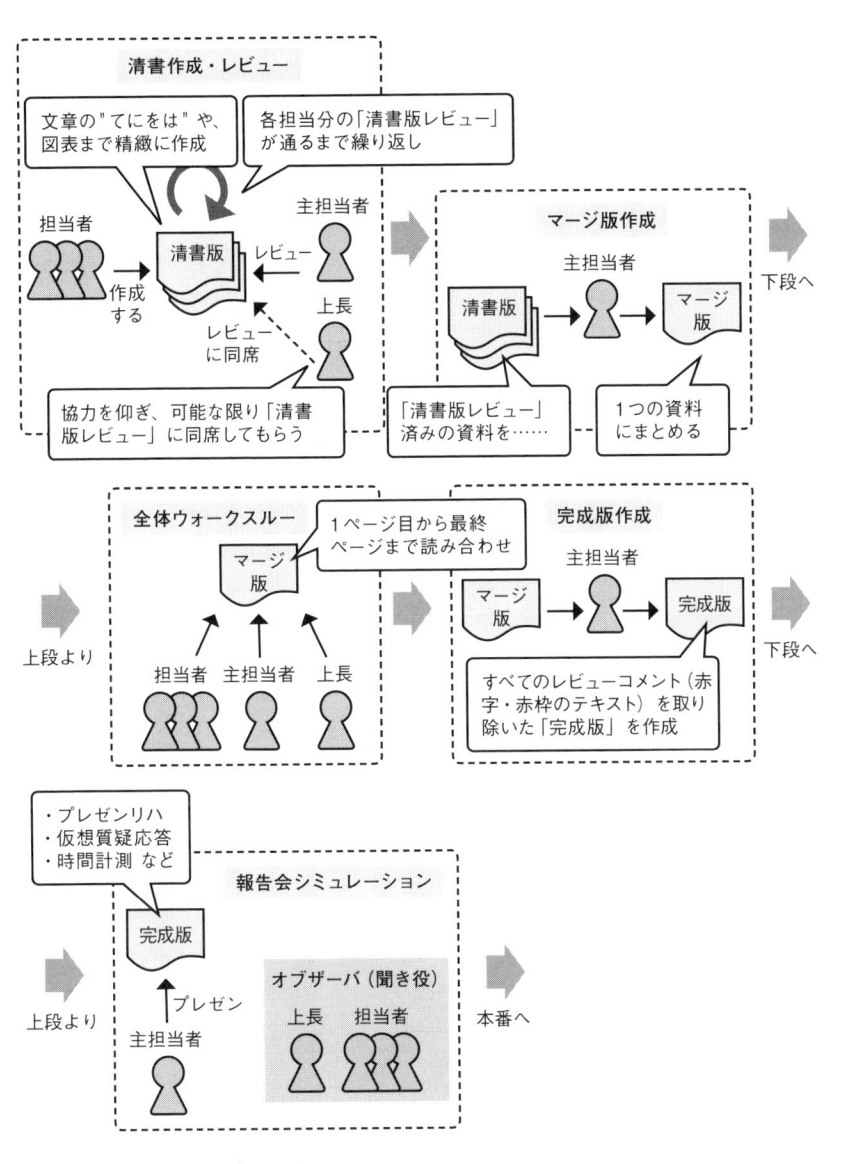

↑ 図5.6：清書作成フェーズの進め方

5.3 仮想シナリオで考える実践ケーススタディ

5.3.1 仮想シナリオと前提条件

　本章の冒頭でも述べたとおり、ここまでの一般論を知識として頭で理解するのは、それほど難しいことではありません。

　ここより先は、この方法論を実践で使えるものにするために、仮想シナリオによるケーススタディを示しながら解説していきます。まずは、ケーススタディの背景となる仮想企業と、その企業の抱える課題を見ていきましょう。

仮想シナリオ：混迷する「販促システム」開発プロジェクト

　仮想シナリオの舞台は、成長著しいWebショッピングモールの運営企業で、加盟店からの手数料が主な事業収入です。

　この企業では約1年前に、新たに「販促システム」をリリースしました。販促システムは、モール内のバナー広告や、ポイント倍付け、クーポンといった、加盟店向けの販促ツールを提供するシステムで、数年間の開発プロジェクトを経て、ようやくリリースされたものです。

　開発プロジェクトは約3年前にスタートしましたが、要件定義から混乱を極めました。販促システムリリース前までは加盟店からの多種多様な要望に、人手で臨機応変に応えていたため、そもそも機能要件のバリエーションが非常に多く、ユーザー部門も手運用だと面倒なものは、ここぞとばかりに「システム化するなら、この機能は必須」と譲ってくれません。

　こうして要件が肥大化してしまった上、取引の多いメインの開発ベンダーと予算の折り合いが付かず、オフショア開発で名を上げ始めた新興ベンダーに発注することになりました。

　ところが、新興開発ベンダーはこの企業のシステム全体像や、複雑なシステム間連携を上手く理解してくれず、基本設計以降のフェーズ

も難航、数回のスケジュール見直しを実施したものの成果物の品質は一向に上がりません。

　結局その新興ベンダーとは詳細設計フェーズまでで手を切り、無理矢理折り合いをつけた予算／スケジュールで、知った仲のメイン開発ベンダーに実装フェーズ以降を担当してもらうこととなり、ようやくリリースにこぎつけたのです。

　一方、「販促システム」の開発プロジェクトが遅々として進まない間に、後発でスタートした「インフラ統合プロジェクト」は順調に進捗しました。

　その結果、販促システムは一番新しいアプリケーションであるにも関わらず、ほかの統合化されたシステムアーキテクチャに準拠しない、独自のインフラ基盤で突き進むことになってしまったのです。販促システムのインフラ面のランニングコストは、ハードウェア／ミドルウェアが独自基盤のため、当然高くついてしまいます。

　その上、開発プロジェクトが混迷を極めた皺寄せを受け、低い品質のソフトウェアは、不具合が頻発し、保守チームも「販促システム」のための専門体制を組まざるを得ません。実装フェーズから急遽開発ベンダーを変更した手前、仕様に対する瑕疵責任を問えず、すべての不具合対策費用は自腹の支出という始末。要するに、ハード／ミドルのみならず、ソフトウェアのランニングコストも高くついてしまっているのです。

　このような状況に加えて、不況がこの企業を襲います。個人消費が落ち込み、Webショッピングモールの売り上げも少なからず打撃を受け、当然、加盟店企業も販促活動を抑えがちになっています。

　必然的に全社を上げての「固定費の削減」が叫ばれるようになり、真っ先にこの販促システムが「どうにかしろ！」と槍玉に上げられてしまったのです。

　この仮想シナリオを踏まえ、あなたはこのWebショッピングモール運営企業の情報システム部員として「販促システム」の進むべき道を資料にまとめ、部長向けプレゼン、さらには経営会議プレゼンを乗り切る、というケースス

ディを考えていきましょう。なかなかハードルの高いシチュエーションではありますが、先の資料作成プロセスの順に沿って、各フェーズを解説していきます。なお、本節で作成する資料は、2章で作成したスライドマスタを用いています。このスライドマスタについての詳細は、2章を参照ください。

5.3.2　構成検討フェーズ

まずは「販促システム」の進むべき道を考えながら、構成検討フェーズを見ていきましょう。販促システムの進むべき道として、考えられる選択肢は以下の3つです。

- **存続**　いずれソフトウェアの不具合が減ることを信じて、放っておいてもランニングコストの低減が見込めると言い切ってしまう
- **廃止**　ランニングコストが高いお荷物システムは、もう捨ててしまう。運用は昔の手作業に戻せばなんとかなるだろう
- **刷新**　「販促システム」のビジネスモデルが悪いのではない。開発プロジェクトの混迷が尾を引いているのだから、作り直せばよい

構築検討フェーズの最重要プレーヤーである「主担当者」は、言うまでもなくあなた自身です。「目指すべきブレない方向性」を資料の目次構成に反映するのが、あなたのミッションになります。

ここではあなたが「販促システムの進むべき道」について、"刷新"がベストな選択肢だと考えていると仮定して解説を進めます。つまり、これから作成する資料は、「刷新がベストな選択肢であるということ」が伝わる資料に仕上げる方針というわけです。

資料の目次構成を考えるにあたっては、以下の3点が重要になります。

対象読者を定める

資料の対象読者を定め、その読者に向けたメッセージを書いていることを常に意識します。無理やり「誰にでもわかる」ような資料に仕上げようとしないでください。

資料のゴールを定める

「この資料はここまで書いたら完了」という到達点を明確にして、「風呂敷を広げる

だけで、たためていない」資料になるのを避けます。

話の「本筋」と「脇道」を切り分ける

今書いている内容が「本筋／脇道のどちらの議論か」を常に意識し、「本筋」が主題として伝わるような構成を考えます。

ここで作成する資料の対象読者は「部長や経営会議の参加者」です。「経営層向けの資料」である以上は、情報システム部員やユーザー部門などの「担当者レベル」が気にする細部の議論を網羅的に論じるよりも、資料全体でわかりやすく筋道の立った理論展開になっていること、および現状システムと比較して確かに大幅なコスト改善が見込めることを、定量的な指標として示した方が適切でしょう。

資料のゴールについては、まず「刷新の方向がよさそうだ」という感触を持ってもらうこと、そして「今後、刷新計画や現行システム調査を深掘りするための体制を確保させてほしい」ことを伝える、という2点に定めることにします。なお後者に挙げた「次のアクションの具現化」は、エグゼクティブ層向けの資料を作る上で、とても重要な視点です。もし、前者の視点だけに注力した資料を作成してしまうと、確実に「刷新の可能性を探りたい、ということはわかったけど、今後どうするのか？」を問われることになります。

本筋と脇道の切り分けについては、今回の場合、「刷新の方向で進みたい」という意思と、「それはなぜか？」という裏付けを示すのが「本筋」です。ほかの選択肢である「"存続"や"廃止"を退けた理由」を示すのは「脇道」ですので、存続させた場合のバグ収束予測の分析や、廃止して手作業中心の運用に戻した場合のランニングコスト試算などを、あまり入念に書き過ぎないように注意します[*4]。

以上の3点を踏まえて作成した目次構成が図5.7です。単に目次を記しただけでなく、「どの章でどこまで書くか」という注釈を「赤字／赤枠のテキストボックス」で記している点に注目してください。これは、直属の上長に「目次

[*4] とは言え、現状の全社的な方向性に否を唱えるような場合——例えばユーザー部門も含め「廃止すればいいんじゃない」「昔の運用に戻せばいいだけでしょ」などの声が現状の大多数を占めている場合は、「なぜ廃止ではダメなのか」という点を、入念に説明する必要があります。要するに、画一的な正解はなく、ケースバイケースで判断するしかないのです。

レビュー」をお願いする際や、これから資料作成を分担してもらう各担当者に「目次共有」を行う際に、ニュアンスを伝える重要な役割になるので、必ず記すように心掛けましょう。

なお、本節では紙面の都合もあり、いきなり図5.7の目次を示していますが、最初からこのような完成された目次を作るのは至難の業でしょう。実際は、初版では筋道がボンヤリした目次を作り、目次レビューで「次のアクションを具体的に書いた方がよい」「詳細論が多すぎて本筋がわかりにくい」「存続させた場合のバグ収束予測は、巻末の補足程度でよい」など、さまざまな指摘を踏まえながら、徐々にブラッシュアップしていくのが普通です。

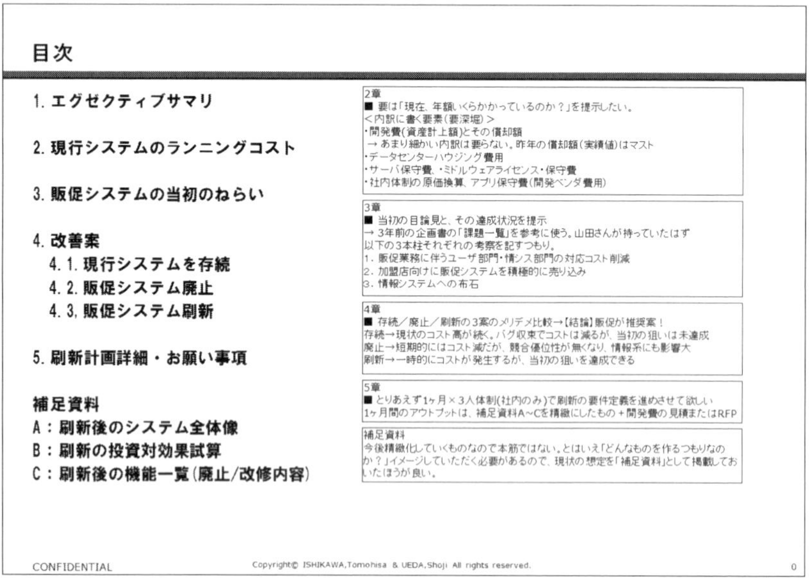

↑ 図5.7：作成資料「販促システムの問題点と今後の方針説明資料」の目次

5.3.3 ドラフト作成フェーズ～清書作成フェーズ

構成検討フェーズで方向性を固めることさえできれば、これ以降の「ドラフト作成フェーズ」から「清書フェーズ」までは、適切なタイミングでレビューを行いながら、粛々と資料を仕上げていくことができるはずです。

本節では、**図5.7**で示した目次の各章に「何を記して、資料全体の流れはどうなるのか」「ドラフト版ではどこまで書くべきか」という2点に絞って解説することとします。

表紙／本書の目的・対象読者／目次

まず「表紙」「本書の目的・対象読者」「目次」という冒頭の3ページは、どのような資料であっても必ず作成する要素です。これらは毎回決まった形で作成するため、手を抜いてしまいがちですが、資料全体の方向性を示し「資料作成の最初の段階で方向性を定める」上で非常に重要な要素ですので、ドラフト作成フェーズで、以降改訂しないつもりで作成しましょう。特に「本書の目的・対象読者」は、**図5.8**のような「当たり障りのない」スライドをよく見かけますが、「この資料の」目的・対象読者を考え、十分に推敲すべきです。

これらの冒頭3ページの完成例が**図5.9**になります。くれぐれも、これらのページはドラフト作成フェーズで仕上げるように心掛けましょう。

本書の目的・対象読者

- **本書の目的**
  - 本書は、販促システムの現状の問題点と今後の方針を記した資料です。
  - 本書は、現在課題視されている販促システムの今後のアクションプランを記した資料です。この方針に合意をいただくことが、本書の主目的となります。

- **対象読者**
  - 本書の対象読者は、販促システムに関わるユーザ部門メンバ・情シス部メンバを対象読者としています。
  - 本書を読解するうえで、販促システムの用語およびそれに付随する業務を理解していることが前提になります。

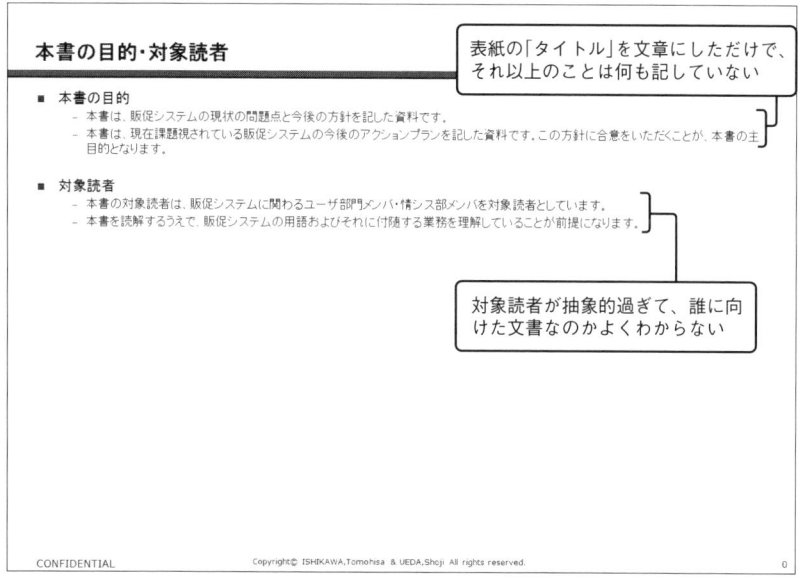

表紙の「タイトル」を文章にしただけで、それ以上のことは何も記していない

対象読者が抽象的過ぎて、誰に向けた文書なのかよくわからない

↑ 図5.8：当たり障りのない「本書の対象読者・目的」ページの作成例

5.3 仮想シナリオで考える実践ケーススタディ

情報システム部 石川智久・植田昌司・野村俊平・鈴木拓也

販促システムの問題点と今後の方針説明資料

2009年8月31日

"SERIOUS" PowerPoint Manual for Software Engineer

CONFIDENTIAL　　　Copyright© ISHIKAWA,Tomohisa & UEDA,Shoji All rights reserved.

本書の目的・対象読者

- **本書の目的**
  - 本書は、現在全社的に課題視されている「販促システム」の今後の方針について、情報システム部の見解をまとめた資料です。
  - 情報システム部の出した結論は「刷新」であり、「刷新」の方針が最適であることを理解していただくこと、および今後直近1ヶ月のアクションプランについて合意をいただくことが、本書の目的です。
  - 本書は、販促システムの「刷新」の具体的な作業計画までは言及しません。以下の2点を伝えることを本書のゴールと位置づけます。
    - 「刷新」を推提案とする理由
    - 今後のアクションのプラン
  - 本書記載の方針の合意を得て、「刷新の具体的な作業計画」に着手させていただくことが、次のアクションプランになります。

- **対象読者**
  - 本書は、情シス・ユーザ部門の「担当者レベル」を対象読者として想定していません。
    - このため、販促システムの個別の機能・仕様の問題点等の細かい議論については、本書に記載していません。
  - 本書に示す「情報システム部の結論」を、上層部に理解していただくことを目的としているため、主要な対象読者は、以下の2名と想定しています。
    - 情報システム部長 田中さん
    - 情報システム執行役員 山田さん

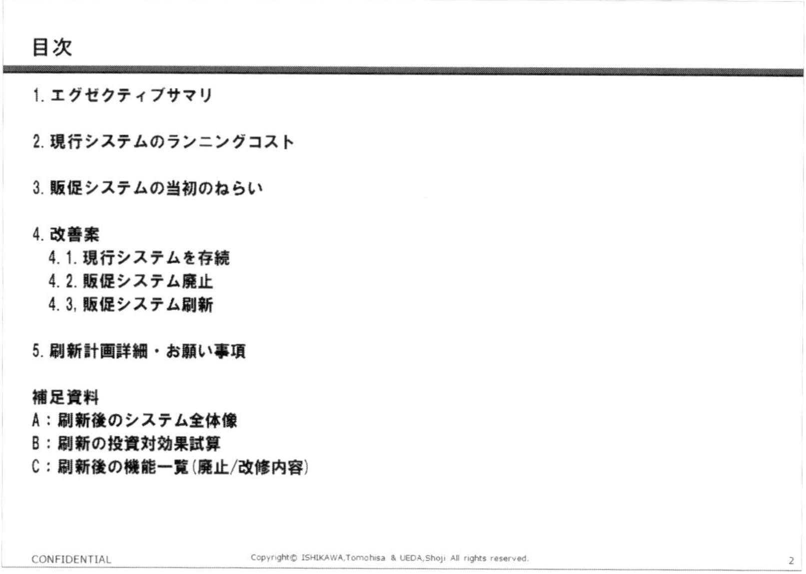

```
目次

1. エグゼクティブサマリ

2. 現行システムのランニングコスト

3. 販促システムの当初のねらい

4. 改善案
   4.1. 現行システムを存続
   4.2. 販促システム廃止
   4.3. 販促システム刷新

5. 刷新計画詳細・お願い事項

補足資料
A：刷新後のシステム全体像
B：刷新の投資対効果試算
C：刷新後の機能一覧（廃止/改修内容）

CONFIDENTIAL           Copyright© ISHIKAWA,Tomohisa & UEDA,Shoji All rights reserved.                    2
```

↑ 図5.9：「表紙」〜「本書の対象読者・目的」〜「目次」のページ作成例

1章 エグゼクティブサマリ

　「エグゼクティブサマリ」は、エグゼクティブ層が目にするような本格的な資料では、必ず作成した方がよいページです。

　筆者の経験則では、総ページ数が10ページを超える資料は、理論展開が複雑になりますので「何を伝えたいのか」がわかりにくくなってしまいます。「結局何が言いたいの？」「結論を先に示せ！」といった指摘は、エグゼクティブ層の常套句ですのでこれに備えておきましょう。

　エグゼクティブサマリは、資料全体の要約ですので、この後のページと「内容・ニュアンスが一致していること」「用語が統一されていること」が絶対命題になります。細かいニュアンスや使用する用語は、資料作成の過程でどうしても揺らいでしまうものですので、ドラフト作成フェーズでは、共同で資料を作成してもらうメンバーに「こんな資料にするつもりだよ」という点を伝えることに目的を置いてラフを作成しましょう。

　清書作成フェーズでは、ほかの章のレビューが済んだ「最後の最後」に、各章の文章・図を抜粋しながら作るとよいでしょう。

5.3 仮想シナリオで考える実践ケーススタディ

エグゼクティブサマリの、ドラフト版／清書版それぞれの例が**図5.10**になります。

1. エグゼクティブサマリ 〔ドラフト版〕

- 販促システムの年間コスト総額を記載（スペースがあれば内訳も載せる） ←2章のサマリ
- 販促システム導入効果（↑のコストに対して、どんな効果を上げているのか？） ←3章のサマリ
  - 販促システムの開発当初に期待していた効果とその達成状況を下表にまとめます。（↓は表で書く）
    - 1. 販促業務に伴うユーザ部門・情シス部門の対応コスト削減：△
      - 販促システムリリース以前の「手運用」に比べると、確実に楽になっている：○
      - 業務の手順が減ったが、不具合対応や仕様問合せ等が想定以上に多いため「楽になった」実感は無い：×
    - 2. 加盟店向けに販促システムを積極的に売り込み：×
      - 使用が複雑で不具合も多いため、ユーザ部門が使いこなせておらず、「加盟店へ売り込む」活動は未着手
      - 機能が不十分で「手動運用」の要素が残ってしまっているため、仮に不具合が減っても「積極的な売り込み」は不可能
    - 3. 情報システムへの布石：×
      - 現在企画中の「情報系」は、販促DBをインプットに用いる計画だが、保持している情報が不十分：×
      - 販促DBの構造が難解で、内部構造を理解しているのは開発ベンダのみ：×
- 上記コスト・効果を踏まえた今後の方針（情シス案） ←4章のサマリ
  - 存続／廃止／刷新の3つの方針と、コスト・効果のマトリクス表を記載
  - 「刷新がベスト」というメッセージを記載する
- 販促システム刷新に向けての直近アクションプラン ←5章のサマリ
  - とりあえず1ヶ月×3人体制(社内のみ)で刷新の要件定義を進めさせて欲しい
  - 1ヶ月間のアウトプットは、補足資料A～Cを精緻にしたもの＋開発費の見積書はRFP

> ドラフト版の段階では、ほかのメンバーに「資料全体のシナリオはこんな感じ」という点を理解してもらうためのもの、という位置付け

1. エグゼクティブサマリ 〔清書版〕

- 販促システムの年間コスト

#	コスト要素	金額	備考等
1	ソフトウェア償却額	5000万円	2008年度実績(2012年度まで)
2	ハードウェア保守費	1200万円	DBサーバ×2台、APサーバ×2台、帳票サーバ、OSなど
3	ミドルウェア保守費	1560万円	DBMS、JavaEE APサーバ、帳票ソリューション、…
4	保守体制(社内)	1440万円	人月80万円換算×1.5人月×12ヶ月
5	保守チーム(開発ベンダ)	3600万円	平均人月単価100万円×3名×12ヶ月
	合計	12800万円	

- 販促システム開発当初の期待効果とその達成状況

#	期待効果	達成状況	備考等
1	作業効率改善	△	販促システムリリース以前の「手運用」に比べると、確実に楽になっている。業務の手順が減ったが、不具合対応や仕様問合せ等が想定以上に多いため「楽になった」実感は無い
2	加盟店への積極的な展開	×	使用が複雑で不具合も多いため、ユーザ部門が使いこなせておらず、「加盟店へ売り込む」活動は未着手。機能が不十分で「手動運用」の要素が残ってしまっているため、仮に不具合が減っても「積極的な売り込み」は不可能
3	情報システムへの布石	×	現在企画中の「情報系」は、販促DBをインプットに用いる計画だが、保持している情報が不十分。販促DBの構造が難解で、内部構造を理解しているのは開発ベンダのみ

- 販促システムの方針案(存続／廃止／刷新)の比較検討結果

方針案	コスト低減	期待効果の達成			考察
		作業効率改善	加盟店への積極展開	情報システムへの布石	
情シス方針 存続	×	△	×	×	不具合の収束に伴い、保守体制が緩くできる可能性は有るが、見通しは不明(コスト低減)。販促システムの期待効果は、将来的に見ても上向の向上は見込めない
情シス方針 廃止	○	×	×	×	短期的には、最もコスト低減を期待できるが、販促システムの期待効果も全て捨てることになるため、長期的に見て「ベストな方針」とは言えない
情シス方針 刷新	△	○	○	○	刷新の開発コストが発生するため、短期的にはコスト高だが、ランニングのコスト要素を全て低減できる見込みのため、約3年で回収可能

> 「エグゼクティブサマリ」の清書版は、ほかのページをすべて完成させてから、最後に作成する

↑ 図5.10：「1章 エグゼクティブサマリ」のページ作成例

2章 現行システムのランニングコスト

1章の「エグゼクティブサマリ」までは典型的な章構成と言えますが、この2章以降は、この資料"ならでは"の章構成になります。2章「現行システムのランニングコスト」では、お荷物扱いされている現行の「販促システム」のランニングコストを定量的に提示することが目的です。

この「コストの定量化」という情報は、改めて資料化しない限りは正確に把握できていないことが多いものです。仮に細かいコスト要素ごとの金額が管理されていたとしても、システムごとのコストを適切に按分管理できている企業など非常に稀と言えます。

また、このような「改善企画」系の資料では、「改善策の方針（存続／廃止／刷新）のどれを選択すると、どのコスト要素をどれだけ削減できる見込か」を提示することを間違いなく問われますので、欠かさず盛り込むようにしましょう。

ドラフト作成フェーズでは、コスト要素の一覧を漏れなく、重複なく抽出した上で、各コスト要素を「どうやって算出するか」までを決めておく程度に留めておき、調査結果／計算結果を精緻に記述するのは清書作成フェーズで行うとよいでしょう（**図5.11**）。

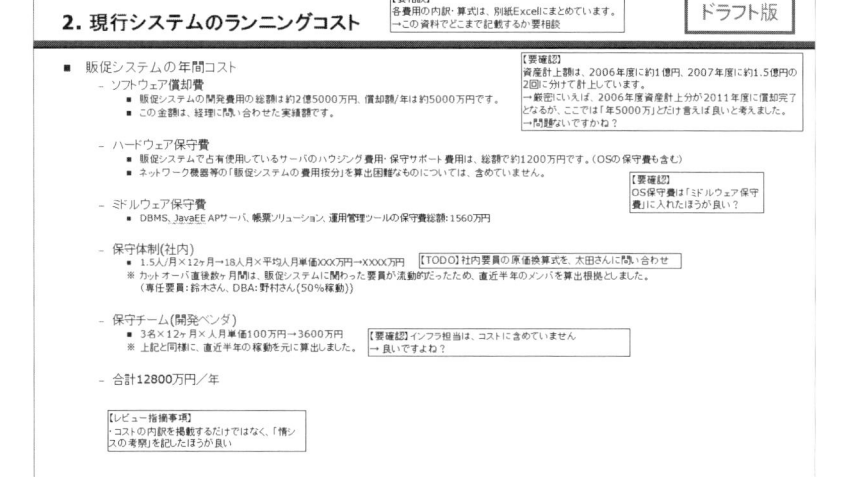

5.3 仮想シナリオで考える実践ケーススタディ

> **2. 現行システムのランニングコスト**
>
> ■ 現行の販促システムにおける年間ランニングコストの一覧を下表に記します。
>
> | # | コスト要素 | 金額 | 備考等 |
> |---|---|---|---|
> | 1 | ソフトウェア償却額 | 5000万円 | 2008年度実績（2012年度末で償却完了予定） |
> | 2 | ハードウェア保守費 | 1200万円 | 販促システムで占有使用しているサーバのハウジング費用・保守サポート費用の総額
DBサーバ×2台、APサーバ×2台、帳票サーバ、各サーバのOS保守を含む |
> | 3 | ミドルウェア保守費 | 1560万円 | DBMS、JavaEE APサーバ、帳票ソリューション、運用管理ツールの保守費総額 |
> | 4 | 保守体制（社内） | 1440万円 | 1.5人/月×12ヶ月×平均人月単価80万円
社内原価の算定式は、情シス部内の管理ルールを適用しております。 |
> | 5 | 保守チーム（関係ベンダ） | 3600万円 | 3名×12ヶ月×人月単価100万円 |
> | | 合計 | 12800万円 | |
>
> ※ 本表記載の数値は、万円単位の概算値です。
> ※ 本表には、「ネットワーク機器保守費」「インフラ担当の人件費（社内・社外）」等の「販促システムとしての按分額」を算定困難な費目を含んでおりません。
>   また、2008年度上半期の「カットオーバー直後」は、人員が流動的で精緻な工数を把握できなかったため、下半期の実績値をベースに算定しております。
>
> ■ ランニングコストに関する考察
> - 開発費（**1. ソフトウェア償却額**）の当初見積額は約1億円でしたが、実績は、その2.5倍に増加してしまいました。
>   これは、周知の「開発プロジェクトの難航」に起因しています。
> - 販促システムは「インフラ統合プロジェクト」環境に設置されておらず、占有的にサーバを使用しているため、ハードウェア・ミドルウェアの保守費（**2. および3.**）が割高です。
>   ※ 統合環境へ移設すれば、約70％のコスト削減が可能ですが、環1塔に依存した実装箇所が多く、移設のための改修コストは非常に高額になる見込みです。
>   （見積は取得しておりませんが、概算で1億級の規模になる想定です）
> - アプリの保守体制（**4. および5.**）についても、当初を想定を上回るコストが発生してしまっています。
>   この原因は、以下の2点によるものです。
>   - 不具合が多く、対応要員の減員は非常にリスクが高い。
>   - 一部機能がシステム化されておらず、販売案件獲得時に「情シス対応の人手作業」が発生してしまう。
>
> ➡ **【情シス結論】**現状の販促システムを維持し続ける限り、抜本的なコスト低減は困難です
>
> CONFIDENTIAL　　　　Copyright© ISHIKAWA,Tomohisa & UEDA,Shoji All rights reserved.　　　　1

↑ 図5.11：「2章 現行システムのランニングコスト」のページ作成例

3章 販促システムの当初のねらい

2章の「現行システムのランニングコスト」は「定量的」な視点でしたが、「販促システムの当初のねらい」ではどちらかと言えば「定性的」な視点の情報を記します。

定量的な視点だけで捉えると「どの方針を選択しても一長一短があり、決めきれない」ということはよくあることです。今回のケースで言うと、存続／廃止／刷新のどれを選択しても、コスト削減効果に大差が出ないような場合がこれに当たります。

このようなケースにも、「刷新を推したい」根拠を定性的に示すのが、この章の役割です。ドラフト作成フェーズでは、「刷新を推したい」あるいは「存続／廃止はナンセンス」と主張したい理由として、どのような論点があるかを洗い出すだけに留め、清書作成フェーズで文章や図表を精緻化するとよいでしょう（**図5.12**）。

3. 販促システムの当初のねらい

ドラフト版

- 販促システムで解決すべき課題一覧(2006年度 販促システム企画書より抜粋)と、その達成状況を以下に記します。

  1. 広告・キャンペーンの案件管理・精算に関する業務に手作業が多く、多くの案件を同時に推進することが困難である。
     - 「手作業」の業務コスト低減　→ 多少は達成できている
     - 広告・キャンペーン案件の機会損失解消　→ 引合い段階の案件数をシステムで管理できていないため、把握できていない
       → 感覚的にゼロではないと思う…

     【要確認】
     機会損失を案件数・金額等で定量化したほうがよい？
     → 算式が無い。「でっち上げ」で作る？

  2. 複数モール出店加盟店の売上が、ユーザ優位(ポイント等)な他社モールに流れてしまっている。
     - スピーディーで格安な販促システムをアピール　→ 不具合が多いため、アピール活動がペンディングしている
     - 多チャネル展開加盟店を当社モールに誘導　→ 販促システムを加盟店に認知していただくことが前提のため、未達成

  3. 販促データが収集できていないため、情報システムで分析可能な視点が限定的である。
     - 販促DBの収録データを情報系で活用　→ 情報系へのデータ提供機能は未実装
       → DB構造がグチャグチャなので、現実的に実装不可能

     【要確認】
     課題一覧(全30課題)は、視点・粒度がバラバラのため、上記の3つにまとめてみました。
     → 整理するのに作ったExcelがあるので、適切かどうかレビューしていただきたい

---

3. 販促システムの当初のねらい

- 販促システムでの期待効果とその達成状況を下表に記します。
  ※この「期待効果一覧」は、2006年度 販促システム企画書の課題一覧を元に作成したものです。

#	期待効果	達成状況	備考等
1	作業効率改善	△	○ 販促システムリリース依然の「手運用」に比べると、確実に楽になっている × 業務の手間は減ったが、不具合対応や仕様問合せ等が想定以上に多いため「楽になった」実感が無い
2	加盟店への積極的な展開	×	使用が複雑で不具合も多いため、ユーザ部門が使いこなせておらず、「加盟店へ売り込む」活動は未着手 機能が不十分すぎて手動運用の要素が残っているため、不具合があっても「積極的な売り込み」は不可能
3	情報システムへの布石	×	現在企画中の「情報系」は、販促DBをインプットに用いる計画だが、保持している情報が不十分 販促DBの構造が難解で、内部構造を理解しているのは開発ベンダのみ

- 期待効果の達成状況に関する考察
  - 「**1. 作業効率改善**」は一部達成できていますが、「**2. 加盟店への積極的な展開**」「**3. 情報システムへの布石**」は未達成です。
  - 2. 3. は、中長期計画の重点施策にも挙げられており、これらの実現は全社的に急務であると理解しております。
    ただし、実現のためには販促システムの「不具合の多さ」「複雑すぎる仕様」を解消する必要があり、現行システムの利用を維持したまま、これらを達成するのは非常に困難といえます。

  ⇒ 【情シス結論】**2. 3. の達成が全社的に急務だが、現状の販促システムでは実現困難です**

↑ 図5.12：「3章 販促システムの当初のねらい」のページ作成例

4章 改善案 〜 5章 刷新計画詳細・お願い事項

　3章までは「現行の販促システム」を主軸に言及していましたが、4章以降では「ベストな改善案がどれか？」を比較検証し、情報システム部門の推奨案である"刷新"の「今後の詳細アクションプラン」を述べます。言わば本資料の結論が、4〜5章に記されているというわけです。

　4章「改善案」では、存続／廃止／刷新の各方針を採用したときに、前半で述べた「定量的な現状のコスト要素」をどう改善できるか、また、定性的な「販促システムの当初のねらい」を達成できるか否かを解説します。そして、「刷新」が情報システム部門の推奨案であるという結論を示すことを、4章のゴールと位置付けます。

　5章「刷新計画詳細・お願い事項」では、刷新の方針を詳細化するにあたり、今後どの程度の期間や人員を割く想定かを示し、その承認をもらうことをゴールと位置付けます。

　これらのドラフト版は、これまでの章と同様に「このページで伝えたいことは何か」を示す程度に留め、清書版でそれを精緻化するとよいでしょう。

補足資料

　最後の補足資料は、本来であれば資料の本編で述べた「今後のアクションプラン」で詳細化する内容そのものです。

　しかしながら、エグゼクティブ層に対して「"刷新"という方針は、ここまで精緻に分析／検討した結果である（浅い検討で導き出した結論ではない）」ということを示すことは非常に重要で、これらの補足資料は「本筋」ではないものの、資料の裏付けと情報の精度を示す意味でも重要な内容と言えます。

- 補足資料A：刷新後のシステム全体像
- 補足資料B：刷新の投資対効果試算
- 補足資料C：刷新後の機能一覧（廃止／改修内容）

　今回の資料では、「刷新」の計画を押し進めた結果、変化する可能性があるような内容や、資料の作成途中で「本筋」でないと判断したものの「調査を行った実績」の提示を求められる可能性がある要因は「補足資料」と位置付けるこ

ととしました。
　このため、資料作成の初期段階（構成検討〜ドラフト作成フェーズ）でいったん「本筋」と位置付けた内容についても、「ドラフト作成フェーズ」の最後（清書作成フェーズの前）の段階で、「どれが本筋で、どこを補足資料扱いとすべきなのか」を改めてチーム内レビューするとよいでしょう。

＊　＊　＊

　少々駆け足ではありましたが、本格的な資料をPowerPointで作成する「過程」を解説してみました。仮想シナリオで実践のイメージをつかんでいただけたのではないでしょうか。
　本章のケーススタディはあくまで「仮想」のシナリオでしたので、何の横槍も入れられずに物事が進んでいるように見えたかもしれません。しかしながら、実際には、想定外の事件が発生したり、度々目次構成が覆ってしまったり、といったさまざまな困難が押し寄せるものです。
　こればかりは、実践経験を積む以外に近道はありません。本章の内容を礎に、「本格的な資料」をPowerPointで作る訓練を積みましょう。数回の実践を経験すれば、「主観的な資料作成にはPowerPointが向いている」ことを、実感していただけるはずです。

第6章
硬派なパワポ流 スライド事例集

本書の最終章では、PowerPointで頻繁に作成するスライドの事例をいくつか挙げます。
スライドの事例は、一般的なPowerPoint解説書でもよく見かけるものですが、本書では、エンジニアが頻繁に作成するであろう「画面レイアウト」「フロー図」「スケジュール」の3テーマに絞って紹介します。

6.1　再考「なぜPowerPointが便利なのか？」

　スライド事例を紹介する前に、PowerPointがエンジニアにとって有効である理由を、改めて考えてみましょう。1章では、Word ／ ExcelとPowerPointとの用途の違いについて、以下のように述べました。

Excelは、「表を書くためのツール」である
　　無理に表以外（文章など）も書けるようにした「Excel方眼紙」という使い方も普及しているが、使い勝手が悪い

Wordは、「精緻な文章を書くためのツール」である
　　高機能である一方、使いこなすには習熟が必要で「気軽に使える」ツールではない

PowerPointは、「シンプルで汎用的なツール」である
　　ExcelやWordでは作りにくい資料は、何でもPowerPointを使えばよい

　PowerPointは、ExcelやWordで作成するには不向きな"図"を書きやすく、シンプルな機能ながら"文章"や"表"も書くことができるという、「汎用性」が最大の長所です。これを読んで、「それなら、表を書くのにExcelを、文章は書くのにWordを、それぞれ使い分けるのが正しいのでは？」と考えた人もいるかと思います。さらに、MicrosoftのOfficeには「図」に特化したツールとしてVisioも用意されていますし、スケジュール管理のためのProjectもあります。PowerPoint以外のOfficeツールを正しく使い分ければ、わざわざPowerPointを使う必要はないと考える人もいるでしょう。この考え方は決して間違っているわけではありません。しかしながら、筆者は「それでもエンジニアにとってPowerPointは有効なツールだ」と考えます。

　「ドキュメント」では、その表現手段として「文章」や「図」や「表」といった要素を記述します。これらの要素はあくまで手段であり、伝えたい人に伝えたいことを端的に表すためには、複数の要素が混在した資料になるのは必然です。例えば、策定したスケジュールを誰かに理解してもらうためには、「このタスクに要する期間をXX日と考えた根拠」や「このスケジュール通りに推進

するための前提事項」などの情報も、併せて文章で記すべきでしょう。この文章は、スケジュール（ガントチャート図）の補足情報などという扱いではなく、伝えることを目的とするならば、むしろメインの情報といえます。ですので、「Projectでガントチャートを書いて、後は口頭でフォローすればよい」などと考えるのは得策ではありません。また、Projectで書いたガントチャートとWordで書いた文章を、別々の資料として作るのは、ひとつの資料としてのメッセージが伝わりにくくなるだけでなく、メンテナンス性も低下してしまうため、極力「ひとつの資料」として作るのが適切です。

「文章」「図」「表」が混在した「ひとつの資料」を作成しなければならない局面は、思いのほか多いものです。経験則ですが、「誰かに何かを伝えるための資料」は、必然的に文章・図・表の混在資料になることが多いと思います。このため筆者は「誰かに何かを伝えるための資料」を作り始める際には、「とりあえずPowerPoint」で資料を作るようにしています。

本章ではシステム開発の現場で頻繁に作成するであろうスライド（＝文章・図・表が混在した資料）の事例として、以下の3種類のサンプルを紹介します。

画面レイアウト

　要件定義フェーズなどで「これから開発するシステムの仕様」をユーザー部門と調整する際に、頻繁に作成する資料です。画面イメージを「図」で、項目の一覧を「表」で、ボタン押下時などにおける挙動を「文章」で記す必要があるため、必然的に混在資料となります。

フロー図

　データフロー図、業務フロー図など、開発の現場では、数多くのフロー図を作成するものです。フロー図の冒頭に「何のフローか？」を文章で表したり、フロー中に理解促進のための「吹き出し」を加えたりしますので、これもやはり混在資料です。

スケジュール

　先の例にも記したとおり、作成したスケジュールを「伝える」ためには、必然的に混在資料を作成する必要があります。スケジュールは、上長の承認を得ることがゴールではなく、そのスケジュールをメンバーへ伝えることも大切ですので、その際に便利なカレンダーをPowerPointで作成する手法についても解説することとします。

6.2 画面レイアウトのスライド

　要件定義などの上流フェーズにおいて、これから開発するシステムの仕様をユーザー部門と調整する際、「画面レイアウト」という資料を作成するのが常です。画面レイアウトは、多少の違いはあれど**図6.1**のようなフォーマットの資料のことを指します。

　この資料は、PowerPointを用いる以外にも、多くの手法が存在します。まずはよく見かける画面レイアウト資料の作成手法と、それぞれの問題点を探ることで、PowerPointを用いた手法の有益性を理解いただくこととしましょう。

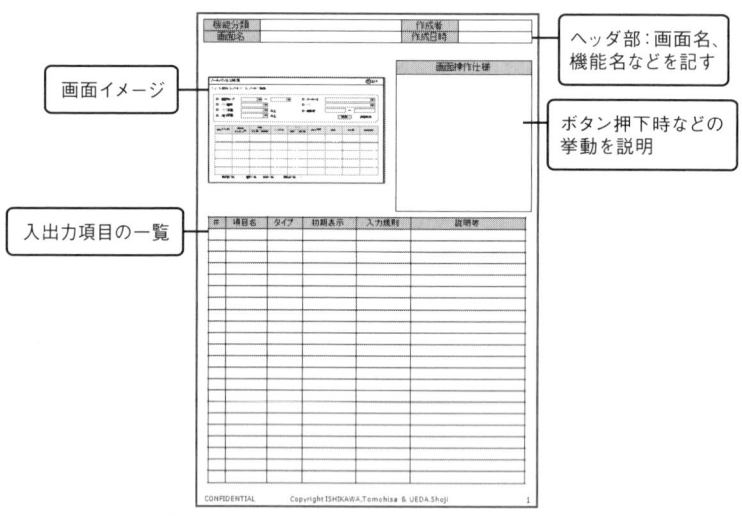

↑ 図6.1：一般的な「画面レイアウト」資料のフォーマット

6.2.1　画面レイアウト資料のよく見る作成手法

　画面レイアウトの資料として、よく見かける作成手法には、以下の3種類があります。

- Excel方眼紙
- Visio／PowerPointの画面イメージ＋Excel方眼紙

- モックアップ＋別途ドキュメント

まずは、これらの手法について、メリット／デメリットを解説します。

よく見る手法1：Excel方眼紙

Excel方眼紙で作成した画面レイアウトの資料は、よく見かけるもののひとつです。具体的には、Excelのセルを「正方形のグリッド」に見立てて、画面イメージの図、項目一覧の表、および説明の文章を、Excelのひとつの資料として作成する手法です（**図6.2**）。

このExcel方眼紙を用いた手法は「ひとつの資料」として作成できる点が有効なため、それほど悪い手法ではないと筆者は考えています[*1]。しかしながら、方眼紙で画面イメージを作画するのはお世辞にも使い勝手がよいとは言えず、ストレスが溜まります。代わりにExcelのオートシェイプを用いようとしても、さらに使い勝手が悪いため「Excelは、画面イメージの作画に向いていない」と言わざるを得ません。

また、この手法に限らず、**図6.1**のようなフォーマットの画面レイアウト資料には、ユーザー部門向けの情報だけでなく、「出力項目の抽出元DB」や「ボタン押下時のデータ更新要領」といった、どちらかと言えばシステム開発者向けの情報も含まれていることが多いです。このため、この資料を用いてユーザー部門へ画面仕様を説明する際には、資料の見方をその都度伝える必要があり、煩わしく感じることがあります。

[*1] 本書では、ことあるごとに「Excel方眼紙」を敵視していますが、これは筆者もかつては「なんでもExcel」で資料を作っていた時期があり、その使い勝手の悪さに悩まされた経験があるためです。

6.2 画面レイアウトのスライド

画面イメージも方眼紙上に表現する

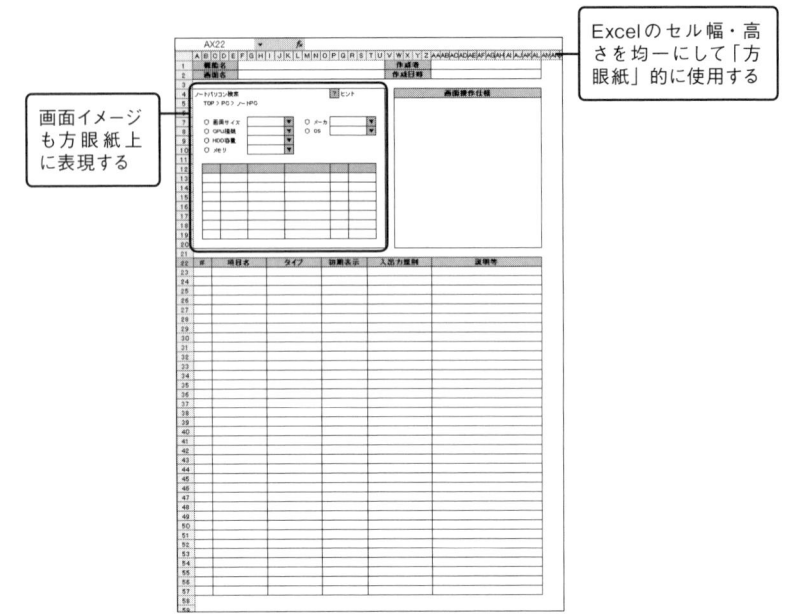

Excelのセル幅・高さを均一にして「方眼紙」的に使用する

↑ **図6.2**：「画面レイアウト」資料をExcel方眼紙で作成

よく見る手法2：Visio ／ PowerPointの画面イメージ＋Excel方眼紙

2つ目は、画面イメージをVisioやPowerPointなどの「作画に適したツール」で作成し、そのキャプチャー（拡張メタ形式など）をExcel方眼紙に張り付ける手法です（**図6.3**）。

この手法は、手法1の問題点である「作画の使い勝手の悪さ」が解消されていますが、「ひとつの資料」にならないことが最大の欠点になります。先に記したとおり「ひとつの資料」であることはとても重要な要因ですので、これは大きなマイナス要素と言えます。

また、手法1で挙げた課題の「システム開発者向けの情報も混在してしまっている」点も解消できていません。

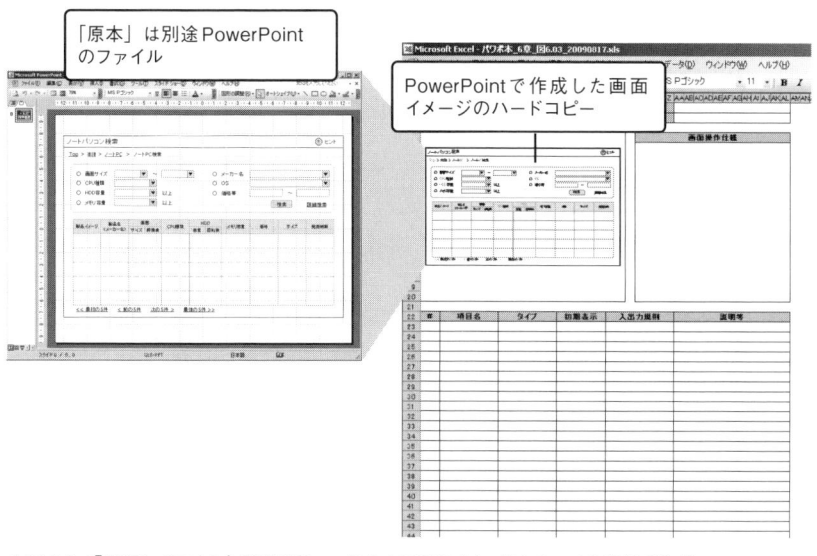

↑ 図6.3：「画面レイアウト」資料をPowerPointの画面イメージ＋Excel方眼紙で作成

よく見る手法3：モックアップ＋別途ドキュメント

3つ目の手法として、実際の画面イメージに近い「モックアップ」を作成する方法が挙げられます。WebシステムならばHTMLで、VBアプリケーションならばVBで、といったように「実際のシステムと同じUI」で画面イメージを作るのが、モックアップ手法です（**図6.4**）。

この手法の問題点は、「画面イメージの作成に手間がかかる」ことに尽きます。例えば本物のシステムに近いHTMLモックアップを作成するためには、そのシステムで使用するスタイルシート（CSS）や標準画面デザイン[*2]を事前に用意する必要があります。また、HTMLコンテンツを作成する作業は、VisioやPowerPointで絵を描くよりはるかに大変です。FlashやJavaScriptなどで動的コンテンツを作成する場合は、さらに大変でしょう。

また、モックアップで表現できるのは基本的に「画面イメージだけ」ですので、システム開発者向けの情報は別途ドキュメントを作成する必要があり、資

[*2] 「UI標準」などの資料で「そのシステムにおける標準的な画面デザイン規約」を定めたもの。一般的には、開発の上流工程で作成するドキュメントのひとつといえるでしょう。

6.2 画面レイアウトのスライド

料が複数にまたがってしまう点もマイナスです。

ユーザー部門から、精緻な画面イメージを求められていない限りは、この手法もやはり適切な選択肢とは言えません。

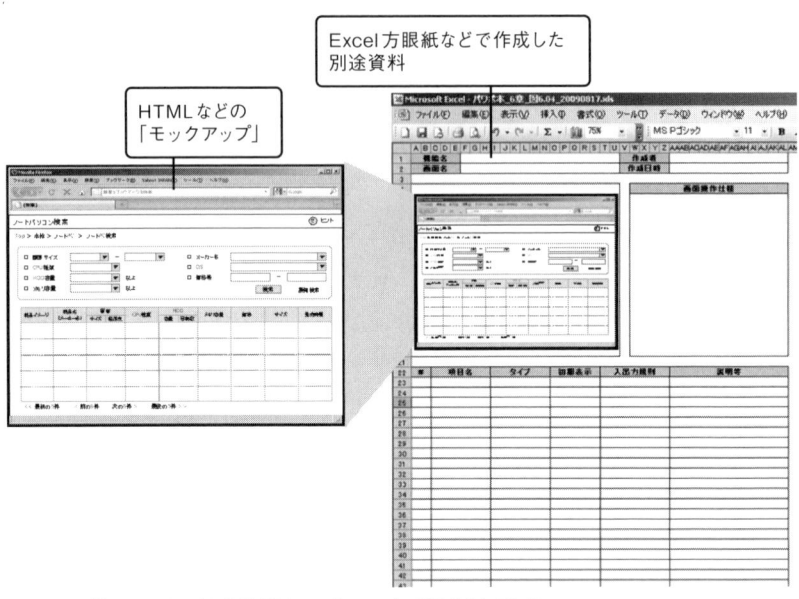

↑図6.4：「画面レイアウト」資料をモックアップ＋別途資料で作成

6.2.2　PowerPointを用いた「画面レイアウト」資料作成

ここまでに解説した1～3の手法に加えて、これから解説するPowerPointを用いた手法のメリット／デメリット比較表が**図6.5**です。1～3の手法が「どれも一長一短」なのに対し、PowerPointを用いた手法は「すべての項目が○」という優れた手法であることをおわかりいただけると思います。

それでは、PowerPointを用いた画面レイアウト資料の作成手法を解説していきましょう。

6.2 画面レイアウトのスライド

操作	ひとつの資料として作成可能か？	開発者向けの情報とユーザー部門向けの情報を分離可能か？	画面イメージを作成しやすいか？（お絵描き機能の充実）	画面イメージ作成に手間はかからないか？
手法1：Excel方眼紙	○	×	×	○
手法2：Visio/PowerPoint＋Excel方眼紙	×	○	○	○
手法3：モックアップ＋別途資料	×	○	◎	×
PowerPointを用いた手法	○	○	○	○

↑ 図6.5：「画面レイアウト」資料の作成手法におけるメリット／デメリット比較

肝は「ノートマスタ」にあり

　図6.6がPowerPointを用いた画面レイアウト資料のサンプルです。

　これを見て「なんだ、さっきの"Excel方眼紙"がPowerPointになっただけじゃないか。開発者向け／ユーザー部門向けの情報も分離できていないし……」と感じた方もいらっしゃることでしょう。

　これにはカラクリがあります。じつは、図6.6のサンプルは、PowerPointの「ノートマスタ」を使って作成されたものです。あまり馴染みのない機能ですが、PowerPointのノート（スライド編集画面の下部の領域）は、ノートビューで「単なるプレースホルダ」として表示されます。そして、ノートビュー上の余白領域には、「オートシェイプ」や「表」などを自由に配置できるのです。これを踏まえて、図6.6の資料の作り方を、順を追って解説しましょう。

　まず［ページ設定］で、「ノート」を縦向きに設定します。次に、ノートマスタを表示し、スライドを編集領域の1/4程度のサイズに調整し、左上部へ配置します。同じように、ノートも右上部へ移動しておきましょう（図6.7）。

　後は、体裁を整える作業です。ノートの枠線を「線なし」から「実線」に変更し、各領域のタイトル用のテキストボックスを配置すれば、ノートマスタの完成です。なお、「機能名」「画面名」などのタイトル情報や、画面下部の「項目一覧」は、各ページのノートビュー上に「テキストボックス」や「表」を配置して記述する必要があります（図6.8）。

6.2 画面レイアウトのスライド

↑ 図6.6：PowerPointを用いて作成した「画面レイアウト」資料

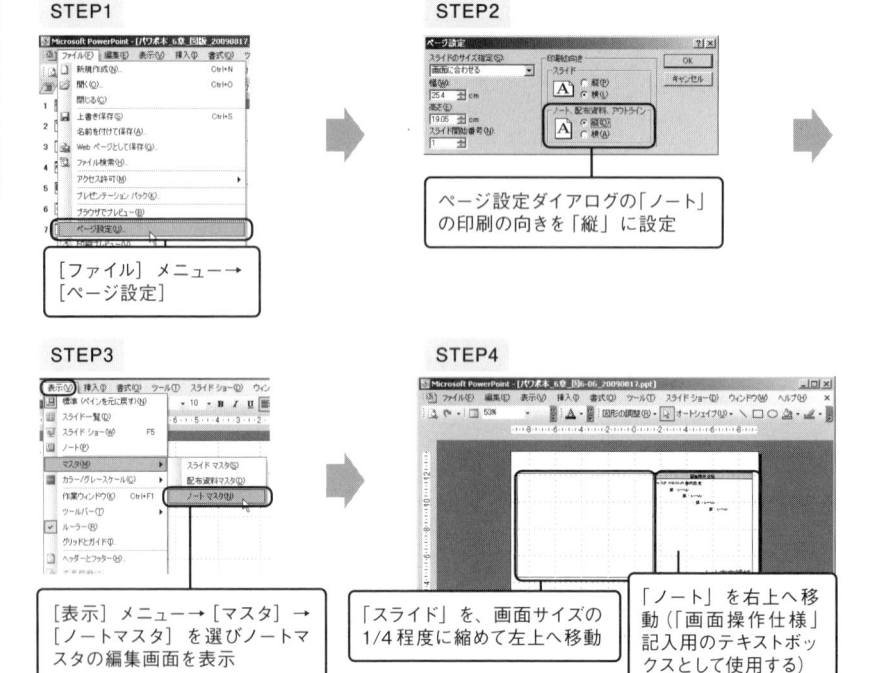

STEP1

[ファイル] メニュー→
[ページ設定]

STEP2

ページ設定ダイアログの「ノート」
の印刷の向きを「縦」に設定

STEP3

[表示] メニュー→ [マスタ] →
[ノートマスタ] を選びノートマ
スタの編集画面を表示

「スライド」を、画面サイズの
1/4程度に縮めて左上へ移動

STEP4

「ノート」を右上へ移
動（「画面操作仕様」
記入用のテキストボッ
クスとして使用する）

↑ 図6.7：「ノートマスタ」の作成手順

6.2 画面レイアウトのスライド

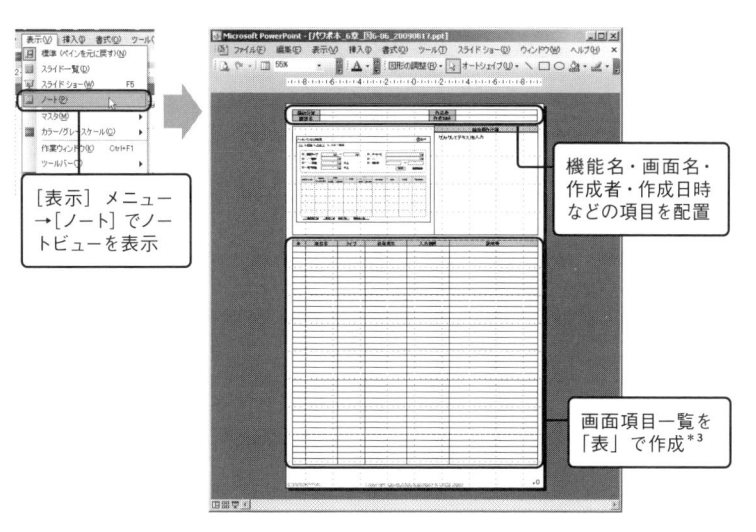

↑ 図6.8：ノートビューを表示し、「項目一覧」などを配置

「ノートビュー」と「標準ビュー」を使い分ける

　ノートマスタを使えば、PowerPointで画面レイアウトの資料を作成することができるのですが、忘れてはならない重要なポイントがあります。それは、ノートビューには「開発者向け」の情報も含み、スライド本編には「ユーザー部門向け」の情報のみを記述する、ということです。

　「標準ビュー」でスライド本編（＝画面イメージ）を編集するとき、画面イメージだけを作成するのではなく、ユーザー部門に知らせておくべき情報を「吹き出し」などのオートシェイプで記しておきましょう。

　こうしておけば、ユーザー部門向けに説明会などを行う際に、「スライドショーを写せば、伝えたい内容がすべて書いてある」状況を作れます（**図6.9**）。

　また、見た目は同じ「画面の一部分を指す"吹き出し"」であっても、その情報が「開発者向け」であるのならば、吹き出しをノートビュー上に配置しておきます。ノートビュー上に貼り付けたオートシェイプは、標準ビュー、スライドショー、スライド印刷などには表示されませんので、多少画面イメージが隠

＊3　3章でも解説したようにPowerPointの表はあまり使いやすくありませんので、「Excelの表を埋め込む」方式でもよいでしょう。「Excelの表を埋め込む」方法については、3章を参照ください。

6.2 画面レイアウトのスライド

れてしまうような吹き出しであっても、躊躇せずに貼り付けることができます。

このように、ノートビューと標準ビューを、「開発者向け」「ユーザー部門向け」に使い分けると、便利なだけでなく、ひとつの資料として作れるメリットも同時に享受できるのです。

標準ビュー（スライド本体）に配置した吹き出し　　**ノートビューに配置した吹き出し**

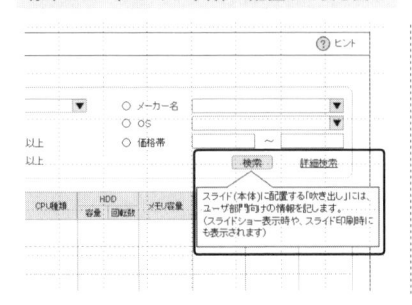

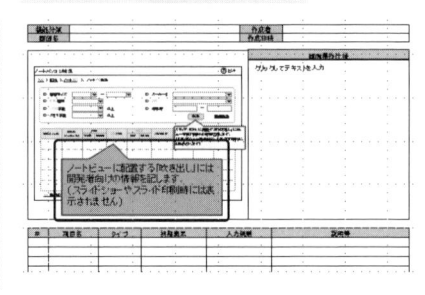

↓

スライドショーやスライド印刷時は、ノートビューで配置した吹き出しが表示されない

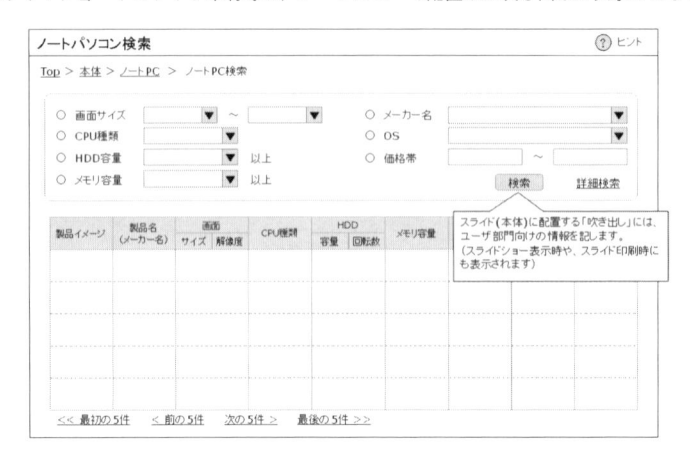

↑ 図6.9：ノートビューと標準ビュー（スライド編集）を使い分ける

6.3 フロー図のスライド

　システム開発の上流工程である要件定義フェーズでは、ユーザー部門と開発対象システムの範囲を検討するために、業務フローやデータフローなどの「フロー図」を作成します。
　ここではPowerPointを使ったフロー図の作成方法を紹介します。

6.3.1 読んでわかるフロー図を作成

　実際にPowerPointで作った業務フローとデータフローのサンプルを見てみましょう（**図6.10**）。
　業務フローは業務の流れに注目し、人が行う作業の流れにシステムがどう関わるのかが表現されています。一方、データフローはデータの流れに注目し、データの更新タイミングやほかのシステムへの連携に人のオペレーションがどう関わるのかが表現されています。
　それぞれ異なる内容を表現していますが、両サンプルともに、ただのフロー図ではなく、フロー全体の説明やフロー図のポイントの解説（吹き出し部）を加えて、ユーザー部門と協議できるレベルに仕上げられています。

6.3 フロー図のスライド

業務フローサンプル

On-Lineパソコン販売サイト（仮）
ユーザー登録（携帯）フロー

- 携帯電話からのユーザー登録時には、空メールによるメール送受信によって本人確認を行う。
- 仮登録したユーザー情報は、48時間以内に本登録されなければ夜間バッチにて削除し、不要なデータの蓄積を防止する。

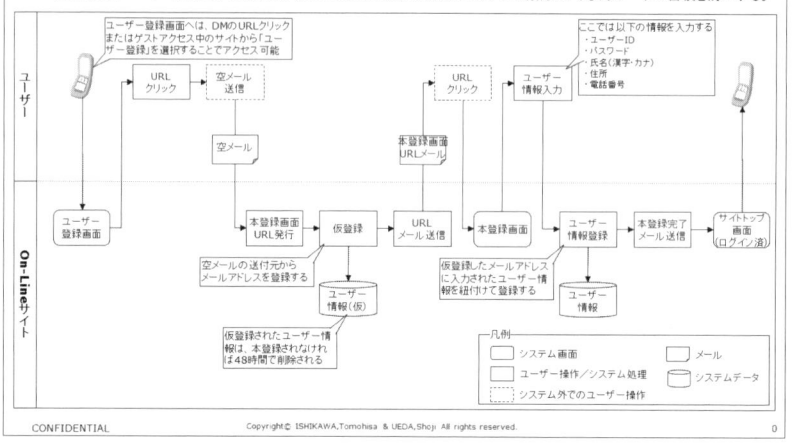

データフローサンプル

On-Lineパソコン販売サイト（仮）
商品販売データのフロー

- 商品配送システムで管理されている配送商品のステータスをOn-Lineサイトに連携することで、ユーザーが商品の配送状況をOn-Lineサイトから照会可能とする。
- なお、配送担当による配送手配・配送完了データ登録は既存実施業務であるため、配送担当の業務量の増加はない。

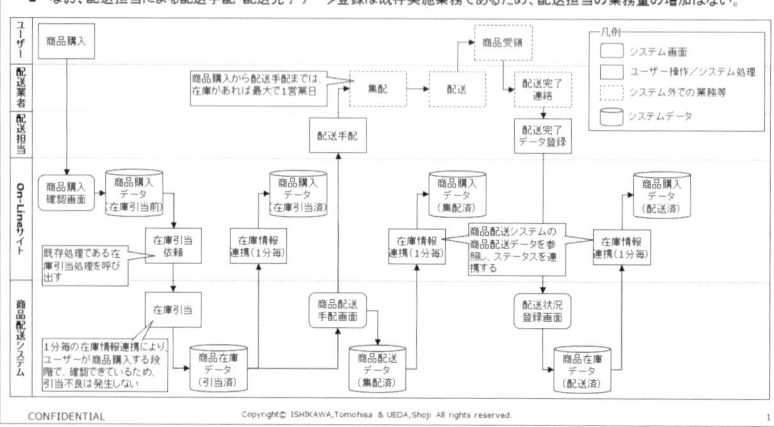

↑ 図6.10：業務フロー・データフローサンプル

読みやすいフロー図のレイアウト

フロー図を読む側の立場で考えると、まず「何のフローなのか」を理解して、次に「どんなフローなのか」を読み進めます。読み手が読みやすいフロー図とするためには、以下のポイントを抑えておく必要があります。

「何のフローか」を理解してもらうために
- フロー図の名称
- フロー図の説明

「どんなフローか」を理解してもらうために
- レイアウト（左→右、上→下）
- 表記法（凡例）

表記法を定めるべし

慣れていない人が、フロー図のページレイアウトが決まっただけでいきなりフロー図の作成に入ってしまうと、例えば、システム操作などの「作業」とシステム画面や処理を同じ四角形で表現してしまったり、流れを示す矢印が太かったり細かったりブロック矢印だったりと、何を表現したいのかわからない無秩序なフロー図ができあがってしまいます（**図6.11**）。このような無秩序なフロー図では、「どんなフローなのか」を理解するのが難しくなります。

無秩序なフロー図を作成しないために、フロー図の作成に取り組む前に必ず表記法を定めておきましょう。表記法というと難しく聞こえるかもしれませんが、つまりは「凡例」を作っておこうということです（**図6.12**）。

例えば、システム開発の目的が、業務処理をシステム化して業務の自動化を図るものであれば、ユーザーが何をしてシステムが何をするのかを区別できるような表記法とする必要があります。また、業務時間の短縮が目的なら、業務・処理に掛かる時間が確認できるフロー図にするために、フロー図の枠に「時間」を含む必要があるでしょう。

このように表記法を決定する際は、頭に作成するフロー図を浮かべながら、何を確認するために、何にスポットを当てるのかをイメージして、決して「いつものとおり」と形骸化しないようにしてください。

ただし、凡例を色によって分類することだけは避けるようにしてください。システム開発によって現行のフローに変化をもたらす場合、変化するポイント

6.3 フロー図のスライド

の色を変えてユーザー部門の方にわかりやすくしたつもりが、白黒印刷で見分けがつかず、逆にわかりにくくなってしまうことがあります。フローが変化するポイントをユーザー部門に示したい場合は、罫線の色ではなく背景パターンを変えたり、変化する箇所を囲んだりして白黒印刷でも見分けがつくようにしてください。

なお、ここで決定した凡例は、フロー図の端にしっかり記載しておきましょう。

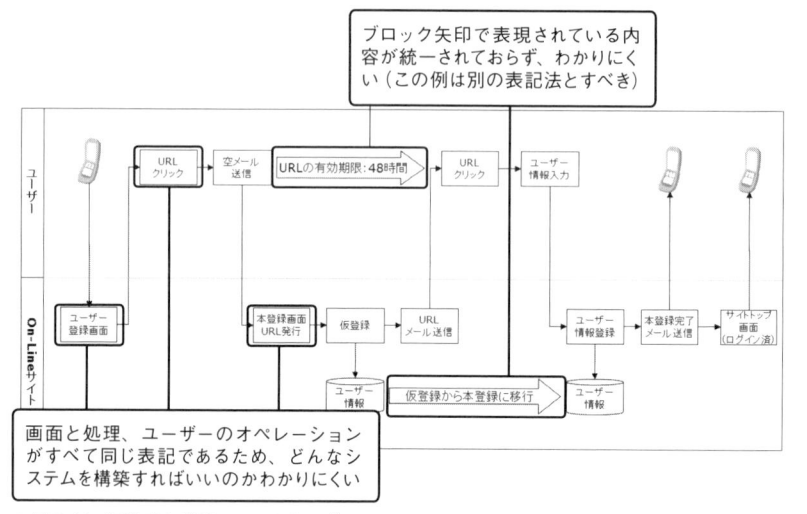

↑ 図6.11：無秩序な業務フローのサンプル

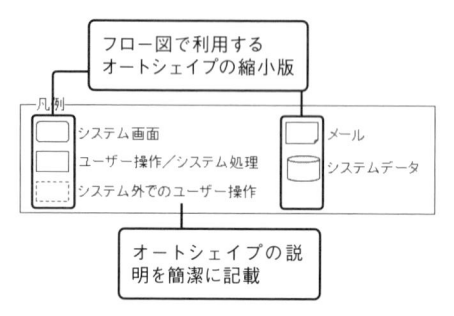

↑ 図6.12：凡例のサンプル

適度に簡略化すべし

凡例が決まり、いざフロー図を作成していくと、例えば利用するシステムをサブシステム単位などに細かく分類したり、業務手順にこだわって作業を細分

化してしまい、細かすぎるフロー図になってしまう状況に陥ることがあります（**図6.13**）。

　これは、フロー図を書いている人の知識やこだわりに頼り、本当にユーザー部門との協議／確認が必要なポイントか否かの判断を怠ってしまう場合に陥りがちですので、ある程度できあがったフロー図は必ず「本当に確認したいことなのか」をチェックするようにしてください。

　また、必要なポイントに絞って簡略化をしても、複雑なフロー図になってしまうことがあります。例えば、ひとつの作業で作成されるデータが3つのシステムに送信される場合、作業から3本の矢印が伸び3つのシステムに接続するフロー図を作成します。確かにこれが「伝えたいこと」であったとしても、3本の矢印を1本にまとめて記載しても十分に読み手に伝わると判断できるのであれば、ビジーな記載を避けて簡略化しましょう。

　ユーザー部門との協議／確認が必要ではない範囲や書かなくてもわかる範囲を適度に簡略化することで、読み手に見やすく、かつ、表記法もしっかりしたフロー図を完成させます。

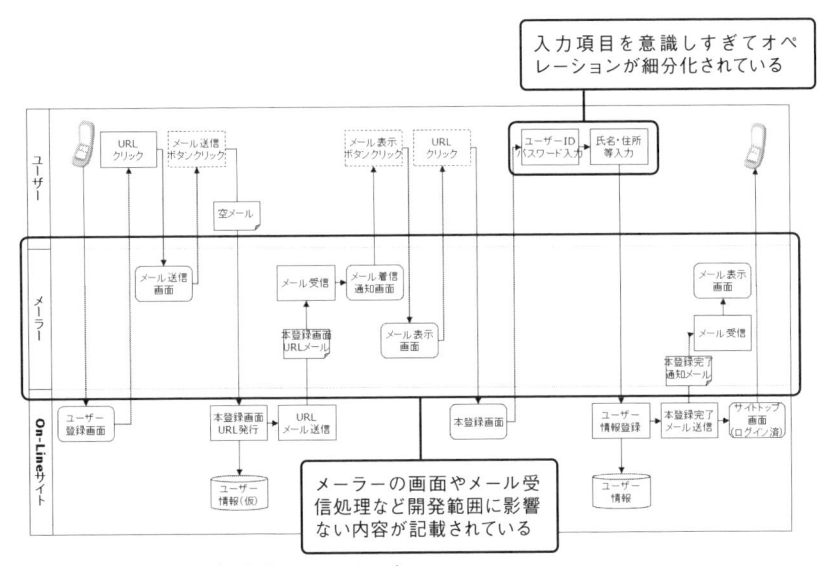

↑ 図6.13：細分化しすぎた業務フローのサンプル

6.3.2　見栄えのよいフロー図に仕上げる

　ここまでで、読んでわかるレベルのフロー図を作成することができたと思いますので、後はいくつかのポイントに気を付けることで、見栄えのいいフロー図に仕上げましょう。

矢印の重なりに注意

　フロー図が複雑になってくると矢印同士が重なってしまい、どの作業と作業が繋がっているのかわからず「流れ」が読み取れなくなってしまいます（**図6.14**）。

　このようなフロー図では、ユーザー部門と作業やデータの流れを確認することはできませんので、必ず解決しておく必要があります。そんなときには、「透明オブジェクト」を使った"飛び越し線"を作って、矢印が重ならないようにし、どの作業とどの作業が繋がっているのかわかりやすくします。

　また、フロー図を修正していて、オートシェイプとコネクタが入り混じってきたら「コネクタの再接続」を実行してすっきりさせてから、細かな配置変更などを行うと、見た目の大混乱から簡単に脱することができて便利です。

6.3 フロー図のスライド

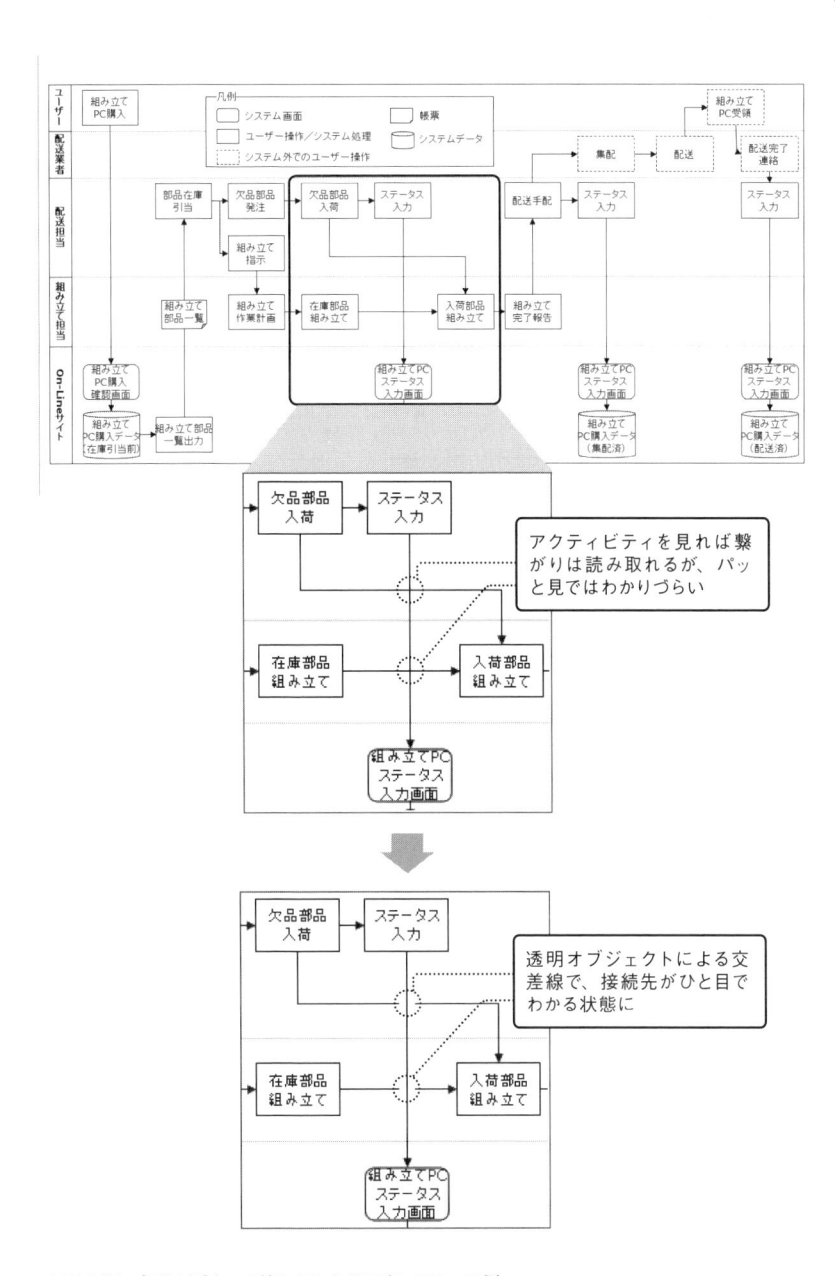

↑ 図6.14：矢印が重なって流れがわかりにくいフローの例

オートシェイプのサイズはグリッドを意識

　作業や処理を表すオートシェイプはグリッドに沿って配置しますが、オートシェイプのサイズに注意しないと、上下に配置されたオートシェイプの中心位置がずれてしまい、接続した矢印コネクタが真っ直ぐにならずガタガタになってしまうことがあります（**図6.15**）。

　これを避けるために、オートシェイプのサイズは、グリッドを意識して最小単位を0.2cmとし、そこから0.4cm刻みで大きくしたサイズに設定します（**図6.16**）。

　「サイズを変更するたびにそんなことを意識するくらいなら、左右中央揃えを使った方が便利じゃないか？」と考える方もいるでしょう。しかし、左右中央揃えを使うと、オートシェイプがグリッドに沿わない位置に移動してしまい、その後で位置を変えるとコネクタのゆがみが再発してしまいますので、筆者はこの機能での配置調整は「その場しのぎの機能」と考えています。左右中央揃えは使わずグリッドを意識したサイズ設定をお勧めします。

中心位置が揃わずに、カギ線コネクタがガタガタになる

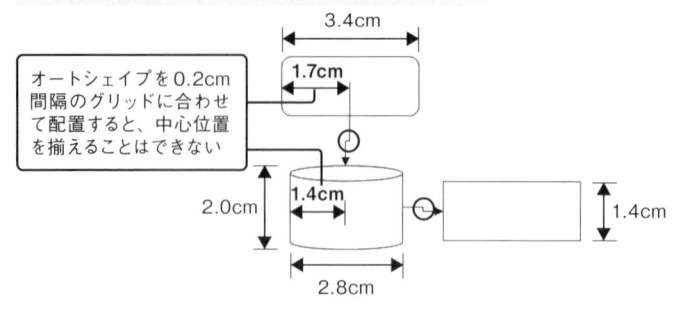

直線コネクタ、曲線コネクタでも見た目はイマイチ

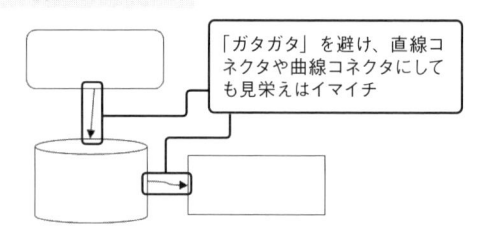

↑ 図6.15：オートシェイプの中心位置がずれてコネクタがガタガタになる

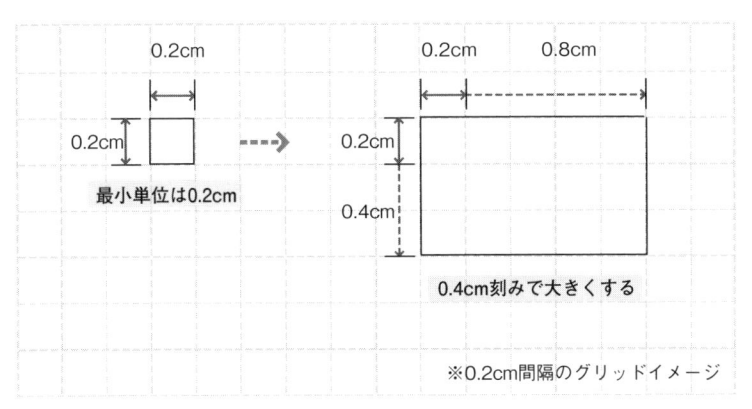

↑図6.16：グリッドを意識したオートシェイプのサイズ調整

オートシェイプを工夫して表現力を向上

　基本的にはPowerPointで作成するフロー図は、オートシェイプだけで作成しますが、オートシェイプでは視覚的に少しわかりにくくなることもあります。
　例えば、PCと携帯電話の両方から入力を受け付ける場合、四角形や角丸四角形で区別してもひと目ではわかりにくいでしょう。このような場合は、フリーフォームなどで簡単なアイコンを作ればすぐに見分けられ誤解を生むことはありません。凝ったアイコンである必要はありませんので、サンプルを参考に試してみましょう（**図6.17**）。

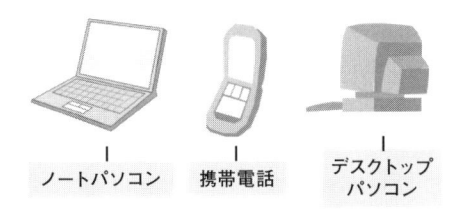

↑図6.17：アイコンのサンプル

スライドショーで新旧フロー図の比較

　例えば、業務をサポートするシステムを開発する場合、現行のフロー図とシ

ステム開発後のフロー図を作成して新旧のフローを比較すれば、ユーザー部門と業務の変更点の確認がしやすくなります。

そのために、現行のフロー図から変更がない部分については、システム開発後のフロー図でも同じ大きさ・文言・表記法で、位置も変えずに配置します。これをスライドショーで表示し、新旧フロー図を適宜切り替えれば、細かな説明をしなくてもフローの差分を視覚的に認識できるでしょう（**図6.18**）。

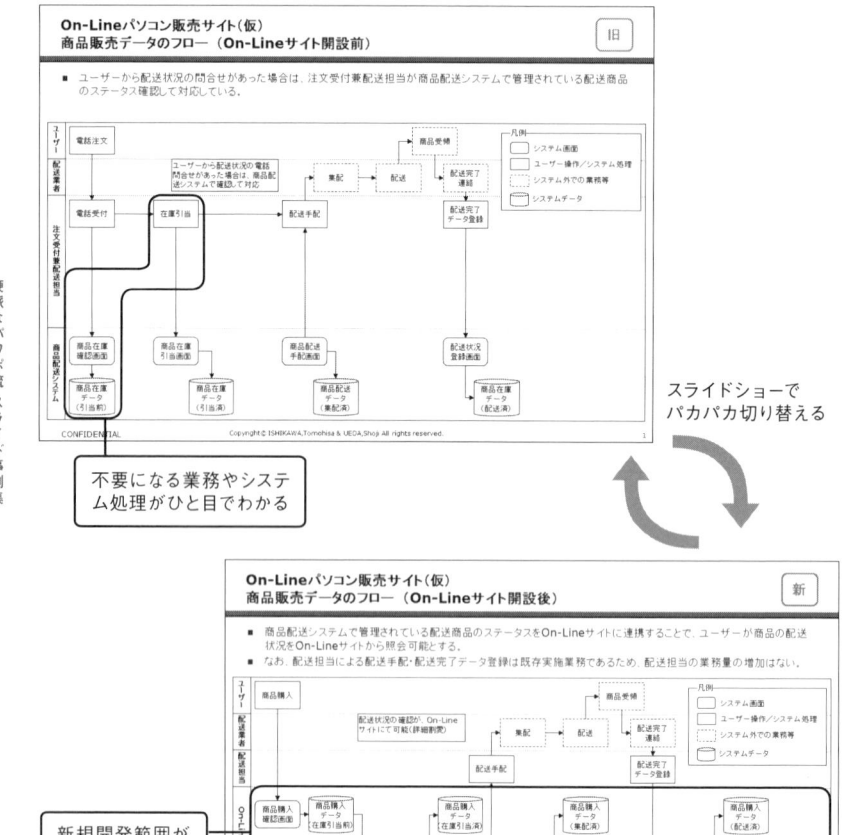

↑ 図6.18：新旧フローの比較

6.4 スケジュールのスライド

先にも述べましたが、PowerPointで日々の進捗管理を行おうというのではありません。上長の承認前で確定されていないプロジェクト全体スケジュールや、プロジェクト開始後の日々の作業や会議などの予定を確認するカレンダースケジュールは、ポイントとなる箇所の説明などの文章を交えることができますので、やはりPowerPointが適しているでしょう。

6.4.1 全体スケジュール（ガントチャート）を作成する

プロジェクト開始時や計画変更時などに上長から計画の承認を取り付けるためのスケジュールとして作成されるのは、ガントチャートが一般的でしょう。

実際にPowerPointで作成したガントチャートのサンプルを示します（**図6.19**）。このガントチャートを作成するためにもいくつかのポイントがありますので、ここで解説していきます。

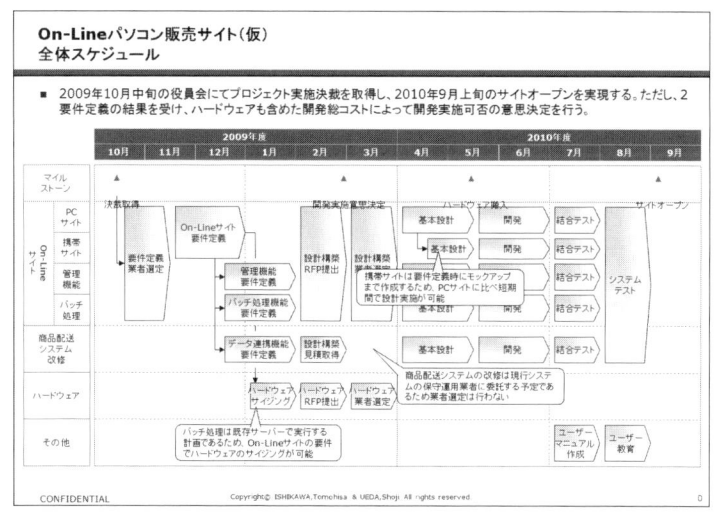

↑ 図6.19：ガントチャートのサンプル

ガントチャートの「枠」は四角形の組み合わせで作成

　ガントチャートの上部には期間を配置しますが、直感的に「プロジェクト期間の半分くらいでどこまで進むのか」が理解できる必要がありますので、この期間の最小単位（サンプルでは月）の幅はすべて同じ幅にします（**図6.20**）。

　また、ガントチャート部でもある程度の期間がわかるように縦方向に罫線を引きますが、不用意に罫線を引きすぎるとガントチャート部が複雑化してビジーな資料になりますので、ある程度の期間ごと（サンプルでは3カ月に1本）に罫線を引きます（**図6.21**）。

　この期間と罫線をまとめた「枠」を作成します。一見すると表機能が適しているように思えるため、「列の幅を揃える」を使って安易に作ってしまいそうですが、そうしてしまうと罫線がグリッドに合わなくなるため、後でタスクとしてオートシェイプを配置するときに期間と一致した幅のタスクが作れず、結局手動でセルの幅を調整することになります。

　これでは余計な手間が増えるだけですので、決して表では作成せず、自作表のように四角形を組み合わせて作成してください。

「月」がすべて同じ幅

このマイルストーンが「だいたいスケジュールの中間地点の手前」であることがわかる

「月」が時期によって異なる幅

パッと見では、このマイルストーンは「スケジュールの4分の3くらい」に見える

↑ **図6.20**：期間の最小単位はすべて同じ幅にする

6.4 スケジュールのスライド

3ヶ月おきに罫線を入れる

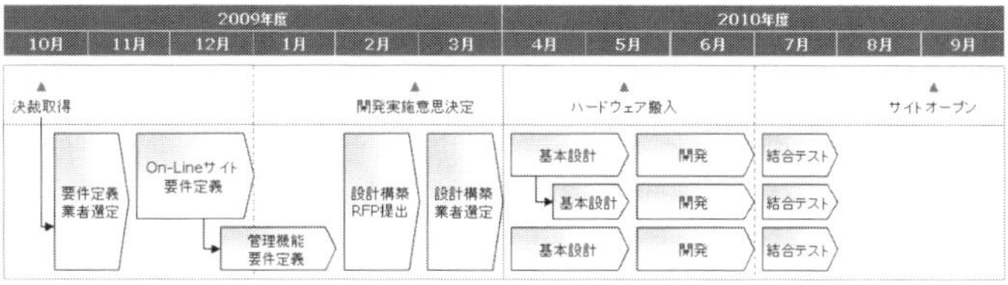

適度な罫線で、タスクの期間がわかりやすい

すべての月に罫線を入れる

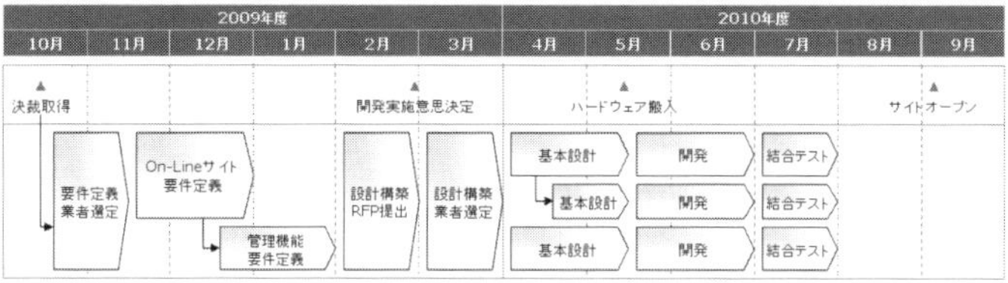

タスクの期間は正確にわかる反面、全体的に
ビジーになる

↑ 図6.21：ガントチャート部に適度な罫線を入れる

ガントバーはホームベースで作成するのが無難

　ガントチャートの枠ができたら、ガントバーを配置します。

　ガントバーには、「そのタスクにどれだけ掛かるのか（期間）」と「そのタスクで何をやるのか（内容）」の2つの情報を載せる必要があり、タスクの期間はガントバーの長さで、タスクの内容はテキストで表現します。PowerPointではほとんどのオートシェイプにテキストを書き込めますので、ひとつのオブジェクトでこのふたつの情報を表現することができますが、どのオートシェイプを選択するかが悩みどころです。四角形や矢印など選択肢はさまざまですが、筆者のお勧めはホームベースです。

　四角形（または角丸四角形）は配置もサイズ調整も楽にできるというメリットがありますが、ガントチャート上に吹き出しなどの四角形のオブジェクトが混在する場合にわかりにくくなってしまうというデメリットもあります。また、矢印とテキストボックスの組み合わせは、タスク名を複数行で記載できたり、タスクの長さを多少越えてタスク名を記載しても気にならないというメリットがありますが、ひとつのタスクをふたつのオブジェクトを使って表現す

る必要があることと、ちょっと見た目がさえないというデメリットがあります。ホームベースはオブジェクトの横幅に比例して先端の角度が変化（**図6.22**）し、この調整が面倒というデメリットがあります。ただし、大抵の場合、ホームベースの先端の角度を揃えることが求められることはほとんどありませんので、この角度が問題になることはないでしょう（**図6.23**）。

「ホームベース」のデフォルトの先端角度

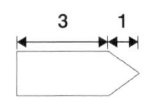

「ホームベース」の先端部分は、デフォルトでは幅の4分の1になり、オブジェクトの高さに応じた角度となる

「ホームベース」の先端角度の調整

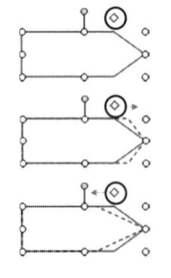

調整ハンドルを左右に動かして先端の角度を調整する

右に動かすと、先端角度は鈍くなる

左に動かすと、先端角度は鋭くなる

↑ 図6.22：ホームベースの先端角度の調整

ホームベースのガントバー

適度な罫線で、タスクの期間がわかりやすい

四角形のガントバー

吹き出しとタスクが混在してわかりにくい

矢印＋テキストボックスのガントバー

タスクを表現するためにふたつのオブジェクトが必要

↑ 図6.23：ガントバーの表現方法による違い

マイルストンは二等辺三角形で作成

　ガントチャートの重要な要素に「マイルストン」があります。

　マイルストンは、ある時期に達成すべき事項を示しますので、「時期」と「達成すべき事項」のふたつの情報を表現する必要があり、サンプルのように三角形とテキストを使えばその両方が表現できて便利です。

　マイルストンの「時期」を示す三角形は、オートシェイプの二等辺三角形を利用する方法と、文字列の「▲」を利用する方法が浮かぶと思いますが、筆者は二等辺三角形をお勧めします。

　文字列の「▲」を利用しない主な理由としては、三角形の大きさがフォントに依存しているため三角形の大きさだけ変更したいときに面倒なこと、三角形がオートシェイプでないためコネクタが接続できないことがあります。

　では、二等辺三角形を使ったマイルストンですが、二等辺三角形にただテキストを書き込んでしまっては、三角形とテキストが重なってしまいますので、テキストボックスの「上余白」を使って適切な位置にテキストが表示されるように調整します（**図6.24**）。改行を考えた方もいると思いますが、改行ではフォントサイズによって三角形とテキストの隙間が開きすぎたり微妙に重なったりしてうまい具合に調整できませんので、お勧めできません。

6.4 スケジュールのスライド

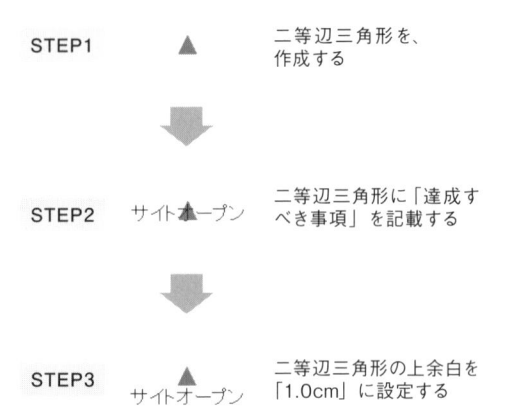

STEP1	▲	二等辺三角形を、作成する
STEP2	サイト▲オープン	二等辺三角形に「達成すべき事項」を記載する
STEP3	▲サイトオープン	二等辺三角形の上余白を「1.0cm」に設定する

↑ 図6.24：二等辺三角形マイルストンの作成方法

6.4.2 日々のスケジュールを書き込む

　計画が承認されプロジェクトが開始されると、筆者はサンプルのようなカレンダーに、Projectで管理されるタスクに加えて、社内外での報告会の予定やそれに向けた報告資料の作成作業などProjectで作成されるスケジュールには記載しにくい付加的な情報を書き込んだスケジュール（「カレンダースケジュール」と呼びます）を作成しています（**図6.25**）。

　筆者が、カレンダーレイアウトで作成している理由は、"見慣れている" "直感的にわかりやすい"に尽きます。このカレンダースケジュールがあれば、例えば資料のレビュー依頼を受けたときなどにいつ頃時間が取れるのかすぐに確認できますし、チームメンバーの予定を書き込むことで、誰がいつ何をやっているのかがよくわかります。

　「それなら、グループウェアでいいじゃん」と思われるかもしれませんが、会議予定などの日々の細かな作業予定をグループウェアに入力するのは意外と骨が折れるものですので、カレンダースケジュールが便利でしょう。

　筆者がよく作るカレンダースケジュールの作り方を紹介しますので、興味を持っていただいた方はぜひ使ってみてください。

↑ 図6.25：カレンダースケジュールのサンプル

枠は「自作表」で作成

　まずは「枠」を作成します。カレンダースケジュールの枠は一見すると表で作ってしまいがちですが、作業予定などのオートシェイプと「枠」が揃わなくなることがありますので、表で作成したくなるレイアウトではありますが、四角形を組み合わせた「自作表」で作成しましょう。

　また、自作表でカレンダースケジュールの枠を作成しておくと、月が変わって年末年始やGWなど休日が多い月に、休日の背景色や書式を一括で変更できますので便利です。

書き込む情報の種類によって表記法を変える

　カレンダーは、チーム内のメンバー間で共有することが主たる目的ですが、チームの状況を判断できるだけの情報量は必要だと考えます。そのためには、作業や報告会の予定はもちろん、資料のレビュータイミングやメンバーの不在予定（社外セミナー受講、帰社日、休暇など）、チームで意識しなければならないプロジェクト全体のマイルストンなど、チームの状況に影響する情報は基

本的に何でも書き込むことになりますが、この情報がただ書き込まれたのではひと目で状況を判断することはできません。書き込む情報の種類によって表記法を変えておきましょう（**図6.26**）。

表記法は凡例としてページ右上あたりに記載しますが、このカレンダースケジュールはメンバーに毎日共有されるチームの内部資料ですので、すべての表記法を凡例にする必要はありません。作業については作業の担当者、会議については会議の種類（内部の定例会議、お客様への報告会など）を判別できるように記載しておけば十分です。

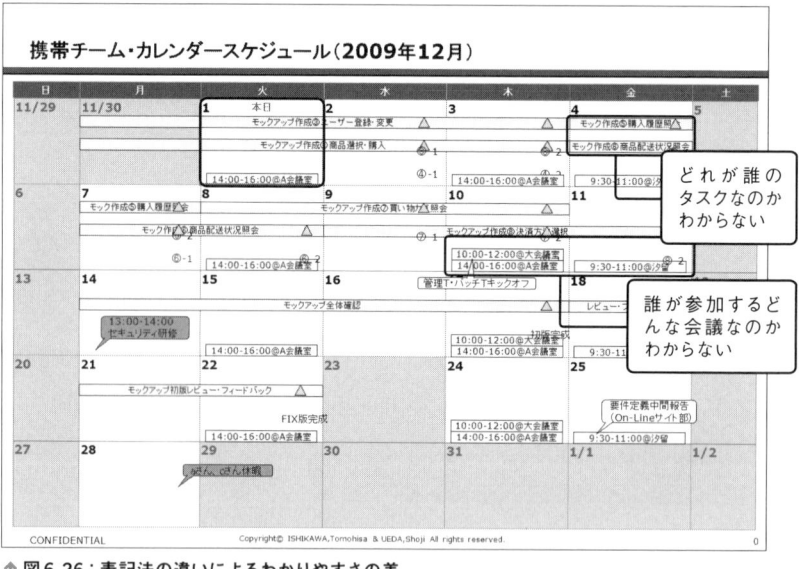

↑ 図6.26：表記法の違いによるわかりやすさの差

TIPSリファレンス

本書で解説した機能やテクニック、心がけを一覧にまとめました。
内容の確認や対応バージョンのチェックに活用ください。

#	概要	分類	対応バージョン 2003	対応バージョン 2007	掲載箇所 章	掲載箇所 ページ
1	軟派なツールという先入観を捨てるべし	心がけ	○	○	1.1.2	P.4
2	主観的な資料を作っている意識を持つべし	心がけ	○	○	1.1.3	P.5
3	パワポの初期設定をそのまま使うべからず	心がけ	○	○	1.1.4	P.7
4	伝えたいことをすべて記載する「硬派なパワポ資料」を作成すべし	心がけ	○	○	1.2.1	P.9
5	パワポは汎用的なツール。「表」でも「精緻な文章」でもないドキュメントはパワポで作成すべし	心がけ	○	○	1.2.2	P.14
6	「このページで伝えたいこと」を常に意識しすべし	心がけ	○	○	1.2.3	P.14
7	オートコレクトのチェックボックスはすべてOFFにすべし	機能解説	○	○	2.1.1	P.18
8	[[オートコレクト オプション] ボタンを表示する] はOFFが無難	機能解説	○	○	2.1.1	P.20
9	スペルチェックはONにすべし	機能解説	○	○	2.1.2	P.20
10	スタイルチェックはOFFにすべし	機能解説	○	-	2.1.2	P.23
11	入力オートフォーマットはすべてOFFにすべし	機能解説	○	○	2.1.3	P.23
12	ステータスバーは非表示にすべし	機能解説	○	-	2.1.4	P.26
13	ツールバー(クイックアクセスツールバー)は、必要なものだけにカスタマイズすべし	機能解説	○	○	2.1.4 / 2.1.5	P.26,30
14	ノートは非表示にすべし	機能解説	○	○	2.1.4	P.28
15	スライド一覧の表示領域は必要最小限まで狭くすべし	機能解説	○	○	2.1.4	P.28
16	リボンは最小化すべし	機能解説	-	○	2.1.5	P.30
17	[文字列の選択時に、単語単位で選択する] はON/OFFどちらでも可	機能解説	○	○	2.1.6	P.33
18	[テキストのドラッグ アンド ドロップ編集を行う] はON/OFFどちらでも可	機能解説	○	○	2.1.6	P.33
19	[スペースを自動的に挿入または削除する] はOFFにすべし	機能解説	○	○	2.1.6	P.34
20	[[貼り付けオプション]ボタンを表示する] はONにすべし	機能解説	○	○	2.1.6	P.35
21	[高速保存] はOFFにすべし	機能解説	○	-	2.1.6	P.36
22	2007と2003が混在した環境では「標準のファイル保存形式」に、「PowerPoint97-2003プレゼンテーション」を選択すべし	機能解説	-	○	2.1.6	P.37
23	スライドのサイズ指定は「A4」にすべし	機能解説	○	○	2.2.1	P.38
24	スライドの向きはデフォルトのままにすべし	機能解説	○	○	2.2.1	P.39
25	スライドの開始番号は表紙の有無によって変えるべし	機能解説	○	○	2.2.1	P.40
26	[描画オブジェクトをグリッドに合わせる] はONにすべし	機能解説	○	○	2.2.2	P.41
27	[描画オブジェクトをほかのオブジェクトに合わせる] はOFFにすべし	機能解説	○	○	2.2.2	P.41
28	グリッドの間隔は「0.2cm」にすべし	機能解説	○	○	2.2.2	P.42
29	「グリッドを表示」はONにすべし	機能解説	○	○	2.2.2	P.42
30	「ガイドを表示」はOFFにすべし	機能解説	○	○	2.2.2	P.42
31	「背景色」は白、「前景色」は黒にすべし	機能解説	○	○	2.2.3	P.43
32	白黒印刷でも色の違いが区別できる配色とすべし	心がけ	○	○	2.2.3	P.43
33	使用するフォントは可能な限り少なくすべし	心がけ	○	○	2.2.4	P.45
34	スライドマスタには、「本文」「表紙」「中表紙」の3つを用意すべし	機能解説	○	○	2.3.1	P.48
35	フッターには「ページ番号」「印刷日時」「コピーライト表記」「機密性表記」を用意すべし	心がけ	○	○	2.3.2	P.53
36	スライドの背景は白無地にすべし	機能解説	○	○	2.3.3	P.56
37	本文のプレースホルダは可能な限り広くすべし	機能解説	○	○	2.3.4	P.56
38	適切なフォントサイズは、タイトル部：20pt、コンテンツ部：14pt(レベル1)〜8pt(レベル5)にすべし	機能解説	○	○	2.3.5	P.57
39	コンテンツ部のインデント幅は、レベル1が7.5mm、それ以外は5.0mmにすべし	機能解説	○	○	2.3.6	P.58

TIPSリファレンス

#	概要	分類	2003	2007	章	ページ
40	コンテンツ部の行間は0.05〜0.1行程度にすべし	機能解説	○	○	2.3.6	P.56
41	各スライドマスタに、簡単な装飾（境界線・企業ロゴなど）を施すべし	機能解説	○	○	2.3.7	P.60
42	箇条書きは「箇条書き設定」を利用すべし	機能解説	○	○	3.1.1	P.64
43	段落番号は手動で入力すべし	機能解説	○	○	3.1.1	P.65
44	余白を調整して無駄なスペースを排除すべし	機能解説	○	○	3.1.2	P.67
45	文章をネストさせる際はタブ位置を調整してからタブ文字を使うべし	機能解説	○	○	3.1.3	P.68
46	コンテンツ本文の記載にはプレースホルダを活用すべし	機能解説	○	○	3.1.4	P.71
47	吹き出しは自作すべし	機能解説	○	○	3.2.1	P.75
48	オートシェイプのひとつのコネクタ接続ポイントに複数のコネクタを接続する場合は、透明オブジェクトで接続ポイントを増やすべし	機能解説	○	○	3.2.2	P.77
49	透明オブジェクトには四角形を使うべし	機能解説	○	○	3.2.2	P.79
50	役目を果たした透明オブジェクトは必ず削除すべし	機能解説	○	○	3.2.2	P.80
51	飛び越し線は透明オブジェクトを使って表現すべし	機能解説	○	○	3.2.2	P.80
52	コネクタが煩雑化してきたら「コネクタの再接続」を使うべし	機能解説	○	○	3.2.2	P.81
53	2007でコネクタを使う場合は慎重に操作すべし	心がけ	-	○	3.2.2	P.82
54	オートシェイプの形状を変更する際は「オートシェイプの変更」を活用すべし	機能解説	○	○	3.2.3	P.82
55	オートシェイプ「磁気ディスク」は使うべからず	機能解説	○	○	3.2.3	P.84
56	「組織図」を使いこなすべし	機能解説	○	○	3.3.1	P.85
57	クリップアートは用途に応じて加工して利用すべし	機能解説	○	○	3.3.2	P.88
58	画像を貼り付ける際は「拡張メタファイル」形式で貼り付けるべし	機能解説	○	○	3.3.3	P.89
59	貼り付けた画像は「図の圧縮」で圧縮すべし	機能解説	○	○	3.3.3	P.90
60	セルの書式を細かく設定するような表は「自作表」で作成すべし	機能解説	○	○	3.4.1	P.91
61	表の罫線自動調整機能は使うべからず	機能解説	○	○	3.4.2	P.92
62	表計算の結果を記載する際は、Excelワークシートをスライド内に新規作成すべし	機能解説	○	○	3.4.3	P.93
63	グリッドへの吸着基準を把握すべし	機能解説	○	○	3.5.1	P.96
64	オートシェイプのサイズ変更時には「縦横比固定」での変更、「複数オブジェクトを一括」での変更をするべからず	機能解説	○	○	3.5.1	P.97
65	オートシェイプを多数使用したスライドで複数のオートシェイプを選択する際は、「複数オブジェクトの選択」で意図したオブジェクトを選択すべし	機能解説	○	○	3.5.2	P.98
66	ショートカットキーをマスターすべし	機能解説	○	○	3.5.3	P.100
67	メニューバーをキーボードで操作し、素早い操作を身につけるべし	機能解説	○	○	3.5.4	P.102
68	会議中に議論の内容をラップアップして結論を明確にすべし	心がけ	○	○	4.1.5	P.110
69	PowerPoint会議では議論に合わせてスライドを表示すべし	心がけ	○	○	4.2.1	P.111
70	サムネイルを用意してPowerPoint会議に臨むべし	心がけ	○	○	4.2.1	P.111
71	空中戦の内容を記録してキリのいいところでスライドショーに映すべし	心がけ	○	○	4.2.2	P.112
73	PowerPoint会議は二画面表示で行うべし	機能解説	○	○	4.2.3	P.112
74	PowerPoint会議ではスライドショーを止めずに編集すべし	心がけ	○	○	4.2.3	P.114
75	二画面表示での「裏での操作」をマスターすべし	心がけ	○	○	4.2.3	P.115
76	二画面表示の操作時にはフォーカスがスライドショーにあるかどうか注意すべし	心がけ	○	○	4.2.3	P.115
77	PowerPoint会議中には「デスクトップの表示」を行うべからず	心がけ	○	○	4.2.3	P.116
78	PowerPoint会議は会議レベル1「レビュー会」から実施し、徐々に操作/テクニックに慣れるべし	心がけ	○	○	4.3.1	P.117
79	レビュー会でのその場で修正できる指摘は即反映し、時間が掛かるものは修正方針をコメントに記載すべし	心がけ	○	○	4.3.1	P.117
80	読み手を意識すべし（誰に向けた資料であるかを意識すべし）	心がけ	○	○	5.2	P.123
81	要点/論点を意識すべし（何について論じた資料であるか意識すべし）	心がけ	○	○	5.2	P.123

#	概要	分類	対応バージョン 2003	対応バージョン 2007	章	ページ
82	作成者の考え／主張を記すべし（論点に対して、どのような方針で取り組もうとしているかを記すべし）	心がけ	○	○	5.2	P.123
83	わかりやすい資料にすべし	心がけ	○	○	5.2	P.123
84	資料作成の主担当者を1人に定めるべし	心がけ	○	○	5.2.1	P.124
85	本格的な資料作成は、目次構成を定めたらチーム全員に対して「目次共有」を行うべし	心がけ	○	○	5.2.1	P.124
86	本格的な資料作成はまずドラフト版から着手すべし（作業分担直後に清書をすべからず）	心がけ	○	○	5.2.2	P.125
87	ドラフト作成フェーズでは正しい文章にこだわらず、「伝えたいこと」を明確にさせることに重点を置くべし	心がけ	○	○	5.2.2	P.126
88	ドラフト段階では図表は書かず、どのような図表を書くかを記すべし	心がけ	○	○	5.2.2	P.126
89	「1ページに収まる内容か？」「1ページ中に複数の事柄を含めていないか？」に徹底的にこだわるべし	心がけ	○	○	5.2.2	P.126
90	ドラフト版完成後に、主担当者による「ドラフト版レビュー」を実施すべし	心がけ	○	○	5.2.2	P.126
91	ドラフト版レビューはアウトラインビューで実施すべし	心がけ	○	○	5.2.2	P.127
92	清書レビューでは、一字一句読み上げながらレビューすべし	心がけ	○	○	5.2.3	P.128
93	報告会シミュレーションは、本番直前の予行練習として実施すべし	心がけ	○	○	5.2.3	P.128
94	資料のゴールを定めるべし（風呂敷を広げて、たためていない資料になることを防ぐべし）	心がけ	○	○	5.3.2	P.132
95	話の「本筋」と「脇道」を切り分けるべし	心がけ	○	○	5.3.2	P.133
96	「本書の目的」「対象読者」については、ドラフト作成フェーズで仕上げるべし	心がけ	○	○	5.3.3	P.135
97	エグゼクティブ層が見るような本格的な資料では、必ずエグゼクティブサマリを作成すべし	心がけ	○	○	5.3.3	P.137
98	ドラフト作成フェーズでは、エグゼクティブサマリをラフに作成し、チーム内で資料イメージの共有に活用すべし	心がけ	○	○	5.3.3	P.137
99	清書作成フェーズでは、ほかの章のレビューが完了してからエグゼクティブサマリを作成すべし	心がけ	○	○	5.3.3	P.137
100	相手にメッセージを伝えるための資料は、「文章」「図」「表」が混在するものと考えるべし	心がけ	○	○	6.1.	P.146
101	「文章」「図」「表」が混在した資料は、「ひとつの資料」として作ることが重要である	心がけ	○	○	6.1.	P.147
102	複数の対象読者を想定した資料には、特定の相手だけに向けたメッセージを分離すべし	心がけ	○	○	6.2.	P.148
103	「画面レイアウト」資料はPowerPointで作成し、ノートマスタを使いこなすべし	機能解説	○	○	6.2.2	P.153
104	開発者向けコメントはノートビューに配置し、ユーザー部門向けコメントは標準ビューに配置すべし	機能解説	○	○	6.2.2	P.155
105	PowerPointを用いた「フロー図」では、フローに使うオブジェクトの表記法を定めるべし	心がけ	○	○	6.3.1	P.159
106	フロー図はユーザ部門に伝えたいことに絞り、適宜に簡略化すべし	心がけ	○	○	6.3.1	P.159
107	矢印が重なるフロー図では、透明オブジェクトを駆使して飛び越し線を表現すべし	心がけ	○	○	6.3.2	P.162
108	オートシェイプのサイズは、グリッドを意識して最小単位を0.2cmとし、0.4cm刻みで大きくすべし	心がけ	○	○	6.3.2	P.164
109	PCと携帯電話などオートシェイプでの区別ではわかりにくい場合は、簡単なアイコンを作ってひと目で見分けられるよう工夫すべし	心がけ	○	○	6.3.2	P.165
110	ガントチャートの枠は四角形を組み合わせて作るべし	機能解説	○	○	6.4.1	P.168
111	ガントチャートの最小期間の幅を統一すべし	心がけ	○	○	6.4.1	P.168
112	期間を示す罫線は、ある程度簡略化しビジーな資料になることを避けるべし	心がけ	○	○	6.4.1	P.168
113	ガントバーにはホームベース、マイルストーンには二等辺三角形を使うべし	機能解説	○	○	6.4.1	P.169,171

謝辞

　共同執筆者の植田昌司氏に感謝します。
　この本を二人三脚で作り上げたことを、心から誇りに思います。私の思いつきによる理不尽な原稿修正の要望に、嫌な顔ひとつせずに応えてくれて本当にありがとう。想像を絶するハードスケジュールの中、何度も心が折れそうになったのを持ち堪えることができたのは、氏の熱意あってこそです。この徹夜続きの日々も、少し経てば良い思い出になることでしょう。この思い出話を肴に、思いっきり酒を飲みましょう。
　本書の編集・デザインに関わっていただいた皆様には、感謝の意とともに深くお詫び申し上げます。我々の遅筆で何度も胃の痛い思いをさせてしまい、本当に申し訳ありませんでした。筆者らの筆が滞ったとき、まるでこちらの状況が見えているかのような絶妙なタイミングでメールをいただき、何度も我々を驚かせました。「明日には提出」という嘘をつき続けた狼少年の我々を、最後まで信じて貫いていただいた信念には感服を覚えます。そして、この特異な本の営業に携わっていただく皆様。どうぞ本書を宜しくお願いいたします。
　本書の執筆の舞台となったジョナサン川崎塩浜店に感謝します。
　ほぼ毎日、深夜にドリンクバー（と、たまにデザート）だけで3-4時間も居座る迷惑な客にも関わらず、「いつもありがとうございます」という優しい言葉をかけていただいたことは決して忘れません。今度は"メニューで一番高いもの"を食べに伺います。
　本書の執筆を陰ながら見守ってくれた、愛する妻 和代に感謝します。
　睡眠時間2-3時間という極限生活で、精神を正常に保つのには、君の存在が大きな支えとなりました。最後に、本書が書店に並ぶのと同じ頃にこの世に生を受ける新しい生命に愛をこめて。

2009年8月　石川 智久

　共同執筆者の石川智久氏に感謝します。
　出来の悪い原稿で足を引っ張る私を叱咤激励し続けてくれたこと、本当に感謝しています。ハードスケジュールを乗り越え、今謝辞を述べることができているのは、氏の強い牽引力によるものであることは間違いありません。本当にありがとう。お陰で、折れた心を奮い立たせての執筆する中でも、楽しい想いをすることができました。この経験を肴に酒を飲みに行ける日を楽しみにしています。
　楽しみにしてたお休みの日にも会社に行ってしまうパパを、笑顔で「いってらっしゃい」と送り出してくれた、愛おしい子供達、竣太・琴葉・舞花、どうもありがとう。これからは、お休みの日はいっぱい遊ぼうね。
　本書の執筆を支えてくれた、愛する妻 玲子に感謝します。
　夜中にリビングで執筆する私を見ても、休日に家を空けることが多くても文句の一つも言わず支えてくれたこと、私の体のことをずっと心配してくれていたこと、本当に感謝しています。

2009年8月　植田 昌司

索引

●記号・アルファベット

.pptファイル	14
Excel	11,18,93,146
Excel方眼紙	11,149
Visio	150
Word	12,18,146

●あ

アウトライン	71
アウトラインビュー	127
アニメーション	4
印刷日時	53
印刷範囲	14
印刷プレビュー	28
インデント	58
インデント幅	66
インデントレベル	72
エグゼクティブサマリ	137
オートコレクト	18
オートシェイプ	28,73,82,97,165
オートシェイプの変更	82
オプション	33

●か

ガイド	40,42
箇条書き	24,28,64
箇条書き記号	24
下線	28
画像	89
画像の貼り付け	89
紙会議	106
画面仕様書	5
画面レイアウト	108,147,148,152
カラー	28
ガントチャート	167
ガントバー	169
議事録	106
機能一覧	5
機密性表記	53
吸着	96
行間	58
クイックアクセスツールバー	30
クイックアクセスツールバーの	
カスタマイズ	30
空中戦	107,112
グリッド	40,42,96,164
クリップアート	4,88
グレースケール	28
罫線	95
構成検討フェーズ	124,132
高速保存	36
コネクタ	77
コネクタの再接続	81,162
コピーライト表記	53

●さ

四角形	28
磁気ディスク	84
自作表	91
自作吹き出し	73,75,77
斜体	28
主担当者	124
条件付き書式	12
仕様検討会	119
小数点揃え	70
ショートカットキー	27,100
初期設定	7

179

索引

書式のコピー	92
水平ルーラ	58,66
ズーム	28
図形の調整	28
スケジュール	147,167
スタイルチェック	23
ステータスバー	26,30
図の圧縮	90
スペース	34
スペルチェック	20
スライド	14
スライド一覧	28
スライドショー	111,114
スライドの開始番号	38,40
スライドのサイズ	38
スライドの向き	38,39
スライドマスタ	48
スライドレイアウト	52
清書作成フェーズ	128,134
清書レビュー	128
説明資料	2
セル	11
セル関数	12
セルの書式設定	91
前景色	43
全体ウォークスルー	128
線の色	28
線吹き出し	77
装飾	60
組織図	85

●た

対象読者	132
タブ位置	68
段落記号	65
段落番号	24,28
中央揃え	28,70
直線	28
ツールバー	26,30
テキストボックス	71
デスクトップの表示	116
テストケース一覧	5
テンプレート	48
透明オブジェクト	77,80
飛び出し線	80
ドラフト作成フェーズ	125,134
ドラフト版レビュー	126

●な

中表紙	48,60
二画面表示	112
入力オートフォーマット	23
塗りつぶしの色	28
ノート	28
ノートビュー	155
ノートマスタ	153

●は

背景	56
背景色	43
配色設定	42
凡例	159
左揃え	28,70
表	91
表計算の結果	93
表の挿入	28
描画オブジェクト	41
表紙	48,60
標準のフォント	45
標準ビュー	155
ファイル保存形式	37
ファシリテーション	110
フォーカス	116
フォント	28,45
フォントサイズ	8,28,57,72
フォントの色	28
フォントパターン	46
吹き出し	73
複数オブジェクトの選択	98
フッター	53
フッター領域	54,55

太字	28	列の幅	92
プレースホルダ	56,71	レビュー会	117
プレゼンテーション	14		
フロー図	147,157		
フローチャート	84		
プログラム設計書	5		
ページ設定	38,56		
ページ番号	53		
ペン	111		
編集領域	25,30,39		
報告会	120		
ホームベース	169		
ホワイトボード	108		
本文	48,60		

● ま

マイルストン	171
右揃え	28,70
メニューバー	30,102
目次共有	124
目次レビュー	124
文字列の選択	33
モックアップ	151
元に戻す	28

● や

矢印	162
やり直す	28
要員の追加	86
余白	8,67

● ら

ラップアップ	110
リボン	30
リボンの最小化	30
列の高さ	92

石川 智久　(tomohisa.ishikawa@ulsystems.co.jp)

ウルシステムズ株式会社　シニアコンサルタント。2002年より現職。著書『そこが知りたいWebアプリケーション開発のお作法』(翔泳社)他、連載記事・寄稿多数。
本書執筆のために、趣味のロックバンドを活動休止。村上春樹の新刊・夏フェス・ドラクエ等々の邪念を全て断ち切って執筆に注力した結果、遊びのバックログが溜まりすぎて困惑中。何から手を付けたものか…。本業はデータモデリング。自称SQL職人。

植田 昌司　(shoji.ueda@ulsystems.co.jp)

ウルシステムズ株式会社　シニアコンサルタント。大手SIerを経て2005年より現職。ITコンサルタントとして日夜従事する傍ら、雑誌記事の執筆・社外セミナーの講師などを手がけている。家に帰ると3児の父として奮闘する日々。ポケモンとプリキュアの知識はかなりのものと自負するが、残念ながら仕事には生きていない。

BOOK DESIGN&DTP　デジタル デザイン室

エンジニアのためのPowerPoint再入門講座
伝えたいことが確実に届く"硬派な資料"の作り方

2009年09月16日　初版第1刷発行
2009年11月10日　初版第2刷発行

著者	石川 智久 (いしかわ ともひさ)	
	植田 昌司 (うえだ しょうじ)	
発行人	佐々木 幹夫	
発行所	株式会社 翔泳社 (http://www.shoeisha.co.jp)	
印刷・製本	日経印刷株式会社	

© 2009 TOMOHISA ISHIKAWA & SHOJI UEDA

本書は著作権法上の保護を受けています。本書の一部または全部について(ソフトウェアおよびプログラムを含む)、株式会社 翔泳社から文書による許諾を得ずに、いかなる方法においても無断で複写、複製することは禁じられています。

本書へのお問い合わせについては、iiページに記載の内容をお読みください。

落丁・乱丁はお取り替えいたします。03-5362-3705までご連絡ください。

ISBN978-4-7981-1945-8 Printed in Japan